NONG CHAO NONG YE

弄潮农业
（上）

《粮油市场报》编

主　编　刘新寰　裴会永
副主编　王　娜

河南大学出版社
HENAN UNIVERSITY PRESS
·郑州·

图书在版编目（CIP）数据

弄潮农业. 上／《粮油市场报》编. — 郑州：河南大学出版社，2019.4
ISBN 978-7-5649-2782-0

Ⅰ. ①弄… Ⅱ. ①粮… Ⅲ. ①农业企业－企业家－生平事迹－中国－现代 Ⅳ. ① K825.38

中国版本图书馆CIP数据核字（2019）第060933号

责任编辑	陈　巧
责任校对	林方丽
封面设计	郭　灿

出版发行	河南大学出版社
	地址：郑州市郑东新区商务外环中华大厦2401号　邮　编：450046
	电话：0371-86059712（高等教育与职业教育出版分社）
	0371-86059701（营销部）
	网址：www.hupress.com
印　刷	新乡市豫北印务有限公司
版　次	2020年1月第1版
开　本	710mm×1010mm　1/16
字　数	123千字
印　次	2020年1月第1次印刷
印　张	7.5
定　价	20.00 元

（本书如有印装质量问题，请与河南大学出版社联系调换）

前　言

舞出农业的别样精彩

农业是个风口，有人舞出精彩；农业又是个竞技场，让无数涉足的创业者折戟。深耕农业领域的企业家，在丰富百姓餐桌、提高生活质量之路上不断前行，当之无愧地成为行业脊梁。他们不仅为社会创造了物质财富，还具有科学家的创新精神，不断探索，永不停歇。他们挥洒自如，做事激情四射；他们勇于挑战，却又脚踏实地。

每个成功者都是相似的，但又有着各自的特质。不是每一个创业者都一定能成为大企业家，但每一个大企业家都是从普通创业者而来的。同样植根粮农行业，为什么有些人一无所获而有的人能赢得成功？为什么有的人屡战屡败而有的人却能独占鳌头？

本书以独特的财经视角，通过深入挖掘多位粮农创业风云人物的故事，解读财智积累的来龙去脉，解析创业创新的跌宕起伏。尽管他们来自不同地方，所涉足的行业也不尽相同，尽管他们的创业条件有优有劣，财富积累有快有慢，但他们的成功除了非凡的智慧外，还源于他们对"五谷"行业锲而不舍的追求与初心。通过对这些由汗水、泪水乃至血水铺就的梦想、奋斗、曲折和成功历程的叙述，本书客观呈现了中国粮农这一微利行业创业非同一般的难与惑，展现了每个创业风云人物非同寻常的谋与韧；同时，从人物角度切入粮食产业热点，梳理了中国粮食经济发展大势，从一个侧面反映了中国涉农、涉粮产业创新创业的趋向。

当前，农业成为投资热区，资本纷至沓来，各种"农"字头创意创新风生水起，新业态不断涌现，但又存在诸多风险。粮农这一传统行业，需要资本、人才、创新的不断加入,但更需要发自内心的真爱与坚守。新时代下,粮农弄潮儿应该如何应对新的机遇与挑战?希望通过品味这些"赢"家的心路历程,人们能多一份冷静的思考,增一份必赢的信心。

编者

目　录

陈明雄：做有良心的粮食产品 …………………………………… 001
陈书勤：为深化国企改革闯滩探路 ……………………………… 006
陈志蔚：十年积淀油香流淌 ……………………………………… 012
郭天财：把论文写在大地上 ……………………………………… 018
何益荣：好企业家就是个导演 …………………………………… 024
李光灿：让糙米主食化福泽于民 ………………………………… 030
李学斌：难断粮食情的"技能大师" …………………………… 036
刘习东："三大战役"开启苏粮新时代 ………………………… 042
刘延峰：大荒地中育好米　"三产"融合唱新声 ……………… 048
龙辉：浩瀚油茶海里的"淘金女" ……………………………… 055
吕荣伟：演绎冰城粮贸之道 ……………………………………… 061
梅心乐：以良心攀登精深加工之峰 ……………………………… 068
苗三福：做一个合格的中国农民 ………………………………… 073
倪学猛：书写"深圳速度"的粮油传奇 ………………………… 078
潘庆国：小灶台点燃锅巴大市场 ………………………………… 084
沈金山：托起西北面业的红太阳 ………………………………… 090
田志和：粮食行业"爱迪生"的秋天 …………………………… 097
王保善：皖南木榨油文化传承者 ………………………………… 103
王刚：信守天然承诺　打造"0添加"面粉 …………………… 109

陈明雄：

做有良心的粮食产品

□ 唐恒

陈明雄，四川雄健实业有限公司董事长、法定代表人，2003年至今，先后担任中江县政协常委、委员，德阳市政协委员，四川省粮食行业协会常务理事，四川省第十二届人大代表，中国青年企业家协会常务理事等职务。

人物语录

◎ 粮食企业要做有良心的粮食产品。

◎ 厚德诚信，谦逊务实。

◎ 有责任的人塑造有责任的企业。

◎ 为消费者提供安全、营养、健康的小麦粉、挂面，打造国内一流的食品品牌。

◎ 一个品牌要想立足于市场，仅靠内在的质量保障远远不够，还必须具备独特的品质和特性。

在陈明雄看来,品牌必须具备独特的品质和特性。为此,雄健实业从产品研发入手,把产品配方、内外包装、南北口味差异等因素融入挂面产品当中,以质量塑品牌,以品牌赢市场。

* * *

提起四川省中江县,人们首先想到的是"中江挂面"。四川雄健实业有限公司董事长陈明雄在传承中江挂面传统加工工艺的基础上,结合现代人的口味需求,打造出"雄健"和"雄健丰田"牌系列营养挂面。细若发丝、洁白光韧、柔软适度、味道可口的雄健牌挂面因不含添加剂且耐存的特点畅销大江南北,成为消费者心目中的美味佳肴和礼尚往来的馈赠。

雄健实业是一家以加工、销售面粉、挂面为主,集收购、加工、销售、运输农副产品、畜副产品和生化制品为一体的多元化企业,下设中江面粉厂、中江面条厂、新都面粉厂等3个加工厂,年加工小麦粉20万吨,生产面条3万吨。此外,雄健实业还拥有德阳镁金公司、雄剑物流公司、丰润雄健公司3个分公司及永辉肉类等6个参股公司,年运输货物30万吨。

/ 编织面业版图 /

谈起"雄健"发展历程,董事长陈明雄睿智的目光里隐含淡淡的沉思。

20世纪80年代,改革开放的热潮席卷全国,处于后开放时代的四川省中江县,少数头脑灵活的人们开始前往南方打工或经商。

陈明雄的父母也不例外。为了改变家庭的生活面貌,陈明雄的父母选择外出创业,他和弟弟成了改革开放后的第一代留守儿童。那年,陈明雄11岁。

20世纪90年代初,19岁的陈明雄在中江县城开了一家烧腊肉店,开始了他人生的第一次创业。21岁时,陈明雄与返乡创业的父亲创办中江顺发畜产品加工厂。4年后,在该公司基础上,陈明雄组建了雄健生化公司。6年的创业经历,为他以后转投粮食行业积累了一定的资金和丰富的管理经验。

21世纪初，我国粮食市场化改革正式起步。陈明雄以商人的灵敏触角和对粮食市场发展前景的长期看好，随父转投粮食加工行业。在资金紧缺的情况下，陈明雄把手中仅有的资金用于征地，征地后抵押贷款建厂房，然后把厂房抵押贷款购买设备，再把设备抵押贷款留作公司运营的流动资金。在经过一系列循环而又复杂的烦琐程序后，2002年12月，饱含着陈明雄心血和希望的年加工小麦6万吨的面粉厂建成投产。

付出就有收获。"雄健"牌面粉一上市，就得到了广大消费者的青睐，在川内供不应求。为了扩大生产规模，提升利润空间，2004年，陈明雄又投资新建了年产1.5万吨面条的生产线。

为了从源头上把控原粮质量，2006年，陈明雄在中江县的10个乡镇建设"川麦39号"小麦种植基地10万亩，2007年在永太镇群益村打造中江手工挂面基地，随后又在成都市新都区新建年加工小麦12万吨的成都雄健粉业公司，2013年又扩建年产1.5万吨的新面条生产线……

经过17年的发展，雄健公司已具有年加工小麦18万吨、生产挂面3万吨的能力。食品加工业销售额从2003年的4600万元增加到2016年的5.8亿元，企业资产由600万元增加到3.3亿元，实现的税利由30万元增加到2000余万元，基本形成以小麦种植、面粉加工、挂面生产为主体的农业产业化经营格局。

/ 发力品牌建设 /

中江县是丘陵地区农业大县，面粉加工、挂面企业较多。随着国内粮食市场矛盾的加剧和市场竞争的日趋激烈，面粉加工企业只顾埋头生产而忽视产品质量和品牌建设的弊端进一步显现，大多数企业只能在较低的价格竞争中勉强支撑。

陈明雄意识到，作为一个生产加工型企业，如果没有过硬的质量，产品就缺乏长久的竞争力。而没有市场竞争力的产品，靠"价格战"只能为企业带来暂时繁荣的"假象"，而无法长时间在市场立足，更不能为企业带来效益。好的品牌在获得市场份额、商业利润和顾客忠诚度的同时，也能通过溢价增加企业的无形资产。

瞄准经营短板和市场发力点后,陈明雄把品牌建设作为企业经营业绩稳定并获取竞争优势的有效途径之一,提出了"以质量塑品牌,以品牌赢市场"的公司发展新战略。

在实施品牌战略过程中,他要求各级各部门把产品质量放在首位,做有良心的粮食产品。原料、辅料采购入库必须经检验合格,生产过程必须按工艺要求严格监控,产品出厂必须符合产品标准和食品安全规定。

"雄健是'全国农产品加工业示范企业''全国放心粮油进农村进社区示范工程示范加工企业''省级农业产业化经营重点龙头企业',把'雄健'和'雄健丰田'品牌打造成四川、西南乃至全国的知名品牌,为消费者提供放心的粮食产品,是我们应尽的社会责任。"陈明雄表示。

精挑南北料,软劲两相宜。精挑细选的食材、独特的制作工艺、爽滑的口感及不含添加剂等,使"雄健"和"雄健丰田"牌系列挂面赢得了四川、西南等市场客户的广泛信任,成为消费者心目中的著名品牌。自2009年起,"雄健丰田"牌系列小麦粉、挂面连续获得四川省第九、十、十一、十二届"四川名牌产品";"雄健丰田"牌挂面先后获得第九届中国西部国际博览会"最受观众喜爱的展品奖"、中国农产品加工品加工投资贸易洽谈会"优质产品"、四川农业博览会"特色产品奖""中华老字号"等荣誉称号。

但居安思危的陈明雄并没有丝毫松懈。在他看来,一个品牌要想立足于市场,仅靠内在的质量保障远远不够,还必须具备独特的品质和特性,才能增加市场黏度。为此,雄健实业从产品研发入手,把产品配方、内外包装、南北口味差异等因素融入挂面产品当中,使旗下各系列挂面均具有鲜明的特色,满足了不同客户的喜好和需求。

/ 大爱反哺社会 /

随着粮食加工业务的不断扩展和人脉、资金的逐渐积累,陈明雄的生意做得风生水起,为他今后跨界经营提供了充足的经验积累和资金支持。2006年,陈明雄新建年镀锌3万吨钢铁件的镁金公司,2008年又创办了雄剑物流公司。

此后几年，陈明雄在多元化经营上频频发力。2011年投资扩建了年加工肠衣50万把的安达利生物科技公司；2012~2016年，又先后通过合资新建了年屠宰生猪30万头的永辉公司、8万平方米的凯信商业广场、拥有400张床位的惠民中西结合医院等企业。通过商业版图的稳健扩张，雄健实业基本形成"一业为主，多元发展"的经营格局。

有责任心的人才能塑造负责任的企业。多年来，陈明雄坚守积极参加公益、光彩和慈善事业，以企业家的社会责任感和大爱精神践行着自己的人生信条，履行着反哺社会的责任。2006年，雄健实业为中江县富兴中心校阳平中学维修学校捐款10万元；2008年，组织员工为"汶川地震"爱心捐款21.39万元；2010年，向继光故里捐款10万元；2012年，向四川省青年联合基金会捐款11.2万元；2013年，向"芦山"地震捐款6.6085万元；2015年，向中江县清凉小学捐赠课桌、办公座椅等500套，价值22万元；2016年，向中江县通济镇人和村堰塘清淤泥捐款7.45万元；2016年，向丹巴县团委捐赠挂面5000千克、羽绒服200件，价值15万元；2017年，为万福镇象山村修建村社公路捐款6万元。

据初步统计，雄健公司成立至今已累计向慈善机构、社会团体、中小学校、贫困村社、贫困学生、贫困农户捐款捐物达230余万元，每年为社会提供就业岗位500多个。

从昔日的留守儿童到如今的著名企业家，陈明雄在实现自己人生价值的同时，也赢得了当地党委政府及社会的认可。他先后当选中江县政协委员、常委，县人大代表、常委、委员，省、市人大代表，中国青年企业家协会常务理事，四川省青年企业家协会常务副会长，成都市粮食行业协会副会长等职，并荣获"四川省粮食行业优秀企业家"、"四川农村改革30年'突出成就30人'"、全国"创业之星"、"全国扶贫开发先进个人"等荣誉。

陈书勤：

为深化国企改革闯滩探路

□ 周营莉　张晓宇　胡增民

陈书勤，江苏省宝应县人，1957年6月生，党员。2001年8月至2012年12月，任宝应县粮食局局长；2012年12月至今，任江苏宝粮控股集团股份有限公司董事长。

人物语录

◎ 金杯银杯不如老百姓的口碑。
◎ 天地生人，有一人当有一人之业；人生在世，生一日当尽一日之勤。
◎ 勇敢地担负起责任，人生才会充实，生活才有意义。
◎ 只要有不服输的志气，就一定能把"不可能"变成"可能"。
◎ 只要主动作为，就一定能开拓一片新天地。

在陈书勤的谋划下，宝粮集团先后投资新建了现代化粮仓，并对危仓老库进行了大规模的维修改造和信息化建设，粮食园区仓储设施水平走在了同行的前列。集团以粮食购销业务为基础，以粮食加工业务为重点，打造出一条从田头到餐桌的绿色产业链，成为全国县域国有粮企改革的成功典范。

＊＊＊

陈书勤给人的感觉是温文尔雅，是典型的"儒将"风度，如非了解他，很难想象他是一个敢于吃螃蟹的"闯将"。

再次见到陈书勤，是在2016年的12月初，2016年的中国粮油财富论坛暨第六届中国粮油榜颁奖盛典如期在北京举办。在本次论坛上，他参加了"在融合与创新中寻求突破"的嘉宾对话，分享了江苏宝粮集团与原料供给侧和市场渠道融合的创新举措。

在江苏省粮食系统，提起陈书勤，大家言语中总是充满着敬佩，是他带领他的宝粮军团，披荆斩棘，勇往直前，2015年宝粮集团荣获"中国十佳粮油集团"，2016年又荣膺"中国粮油最受尊敬企业"。由此，宝粮集团成为江苏省乃至全国县域国有粮食购销企业改革发展的一面旗帜。

/ 艰苦的抉择 /

2001年，国家率先在江苏等8个省市实行粮食购销改革时，宝应县粮食系统因沉溺计划经济太久，除购销企业勉强维持经营、26家工业企业只有两家正常运行外，其余都已停产。全系统严重资不抵债，背负着10 500人的"老人"、亏损4亿多元的"老账"、上亿斤的"老粮"等沉重包袱。粮食购销市场化后，除存有国家和省级储备粮食的储备企业外，其他粮食企业再无任何政策性补贴。如果每月继续发放下岗职工生活费，企业资产要不了几年就荡然无存，宝应县粮食系统将"全军覆没"。

是年，担任宝应县乡镇企业局局长的陈书勤，改任宝应县粮食局局长。

身为国家公务员，陈书勤完全有理由选择当个太平官，享受着各种工资福利。但是如果选择维持现状，整个粮食系统就会似温水煮青蛙逐渐消亡；而如果选择大刀阔斧地改革，逐步突围，打出一片新天地，那就会遇到重重困难，需要付出百倍的努力。陈书勤进行着艰难而痛苦的抉择。"生命的意义在于不断地接受挑战，共产党员的本质应该是使命担当。"陈书勤对自己说。

在一片争议声里，他推动了以职工身份置换为核心的购销企业改革，先行一步的购销企业改革拉开了全系统改革的序幕，分批次先后推行了购销企业、工业企业、其他流通企业的改革，艰难筹集资金1.6亿元，实现了对8900多名职工的身份置换。

8900多名职工全员解除劳动关系谈何容易，一时间人心惶惶，上访不断，改革遇到强大的阻力。陈书勤顶着层层压力，推心置腹地摆事实、讲道理。从2001年底到2004年的3年时间，陈书勤几乎每天都被职工包围着。然而，他硬是把改革一步一步向前推，最终宝应县粮食系统人员分流工作走在了全省的前面，困扰粮食系统多年的老人问题基本得到解决，企业减轻了负担，为下一步搞活经营机制创造了条件。

/ 艰辛的探索 /

前期的改革，只是起了"破"的作用，破了旧的经营体制，砸了大锅饭。但是，如何建立起适应粮食市场化要求的粮食管理体制和企业经营机制，对陈书勤来说则是一个新的挑战。

随着粮食行业的发展，市场竞争的加剧，小而散的企业运营模式受到了大市场的制约，船小难抗风浪。为适应市场变化和国家粮食政策调整，宝应粮食购销体制也逐步调整为以购销总公司统一经营、内部实行绩效考核的新的经营模式。

2006年，陈书勤得到消息，江苏省粮食局正在与省发改委做江苏省粮食物流发展规划，他意识到这是个发展的好机会。于是，陈书勤迅速组织力量，进行项目论证，前后十多次跑省里，要求把宝应纳入江苏省粮食物流园区发展规划的"笼子"。

由于见势早、争取早，江苏省粮食物流发展规划中规划了两纵两横、四大枢纽、八个节点，作为江苏粮食物流的总架构。宝应粮食物流中心有幸成为节点之一。在江苏省起草总体规划时，宝应县粮食部门已在准备粮食物流园区的详规，江苏省规划完成时，宝应的规划也同期递交到了省里，其规划设计的起点之高、速度之快，得到了江苏省专家、同行的高度评价。项目争取下来后，更大的难题摆在了陈书勤面前。粮食物流园区占地500亩，总投资10.8亿元，可实际上宝应除了一张图纸外，别的什么都没有。

但是陈书勤没有被困难吓倒，他积极争取县政府的支持，在该县安宜工业园争取了260亩地，边建边办手续。2007年，粮食物流园区一期工程建成使用，被江苏省领导评价为建设速度最快、质量最好的工程，粮食物流园区当年实现盈利400多万元。

/ 艰巨的博弈 /

2011年，在充分调研论证的基础上，陈书勤与班子成员一道，对宝应县粮食企业进行资源优化配置，改革原有以代购、代储为主的经营模式，实行以目标考核为核心的集团化运作。为打造完整产业链，实现粮食产业转型升级，他们以宝应湖粮食物流中心为母体，吸收县骨干粮食企业，于当年10月成立了江苏宝粮控股集团股份有限公司，陈书勤就任董事长。

粮食物流中心的建成，为宝应粮食企业进一步做大做强奠定了基础。有了粮食物流，陈书勤又有了进行粮食加工的主意，投资6000万元，引进瑞士设备，高起点创建了名佳面粉公司，借此契机来发展精深加工。

根据推进粮食产业化和发展现代高效农业的思路，宝应在推进有机粮食生产基地和特色农产品基地建设方面，同样取得了新突破。2010年，陈书勤组织成立了奕佳农牧有限公司，目前拥有特色农产品和优质稻麦种植基地1300亩，其中果园300亩，种植3个系列、7个品种的有机水果。

发展前进的步伐从未停下。2013年，江苏宝粮控股集团股份有限公司的下属子公司——江苏宝粮酒业有限公司、江苏宝粮油脂公司正式成立，当年两家分公司产品同步上市。

2017年1月，粮食物流园区内的永佳米业，选用国内最先进的生产设备、采用最新生产工艺的10万吨大米生产线投入运营。

新项目一个个投产，新企业一个个落地，无一不是倾注了陈书勤的心血。

/ 艰难的蜕变 /

通过改革与重组、资产权属调整，实现了行政、国有资产所有权、国有资产经营权的三权分立，形成了粮食局负责粮食行政管理及行政执法、粮食资产经营公司负责国有资产管理、宝粮集团负责粮食产业经营发展的整体格局，真正实现了政企分开。

随着经济的发展、企业数量的增加，散而弱的问题也初现端倪，因所有企业均为国有性质，新的"大锅饭"现象有所显现。为彻底摒弃旧体制的影响，使企业既大又强，宝应粮食企业经历了一次艰难的"蜕变"。

与上一轮改革一样，企业重组特别是混合所有制改革遇到了来自多方的阻力，各种议论频现："好端端的国有企业搞什么混合所有制改革啊，纯粹是出风头。""这样的改革会出现国有资产流失吗？"

为顺利推动粮食系统的重组和混合所有制改革，陈书勤多次向宝应县委县政府汇报，阐明重组与混改的意义，得到了县委县政府的重视和支持。县里专门成立了推进国有粮食企业改革与重组领导小组，由县分管领导担任组长，各职能部门主要负责人参加。由于在更高的层面上统一了认识，尽管重组工作复杂、艰辛、费时，但是整个重组与改革还比较顺利。

在此基础上，为建立现代企业制度，实现真正意义上的法人治理，宝粮集团进行了股份制改造，通过审计评估、媒体公示公开征集社会投资者，以增资扩股的形式引进了战略投资7500万元。增资后，宝应县粮食资产经营管理公司占宝粮集团65%的股份。其后，通过非国有战略投资者受让股份，实现了集团高管持股，让更多的员工有了话语权和责任感。现有的股权结构为国有占65%，社会投资者占25%，企业管理层占10%。2011年，宝应县粮食企业战略重组获"江苏省粮食工作十大创新创优奖"。

2012年是宝粮集团组建后的第一年，当年主营业务收入达9.82亿元，利润1226万元，同比增长30%以上，集团主营业务收入及利润总额均实现了历史性突破。2013年主营业务收入9.63亿元，利润1310万元；2014年主营业务收入12亿元，利润1400万元；2015年主营业务收入15.12亿元，利润1500万元；2016年主营业务收入15.3亿元，利润1700万元。

大笔如椽写春秋。宝粮集团成立后，在陈书勤的谋划下，先后投资新建了20多万吨现代化粮仓，并对10万吨危仓老库进行了大规模的维修改造和信息化建设，粮食收储能力大幅度提高，粮食园区仓储设施水平走在了同行的前列。集团以粮食购销业务为基础，以粮食加工业务为重点，打造出一条从田头到餐桌的绿色产业链。

目前，集团下辖江苏宝应湖粮食物流中心有限公司、扬州名佳食品有限公司、宝应县奕佳农牧有限公司、宝应县永佳米业有限公司、江苏宝应湖粮食运输有限公司、江苏宝粮油脂有限公司、江苏宝粮酒业有限公司、上海销售公司、南京销售公司等九家子公司，形成了从种植到收储、加工、运销的全产业链模式，实现了一、二、三产业的融合发展。

敢为天下先，苦甘参半。在开创宝应粮食产业新天地的过程中，谁能体谅陈书勤的个中滋味？苦尽甘来，他的改革创新精神获得了上级部门及同行业的充分认可和肯定，近几年先后获得"中国十佳粮油创业风云人物""江苏省粮食系统先进工作者""江苏省粮食行业领军人才""江苏省粮食行业优秀企业家"、扬州市首届"十佳依法诚信示范企业家"等荣誉称号。

陈志蔚：

十年积淀油香流淌

□ 胡增民

陈志蔚，1972年8月生于江苏大丰市方强镇，1990年参加工作，大专文化，高级职业经理人、高级经济师，现任盐城市政协委员、大丰市特产商会会长、江苏佳丰粮油工业有限公司董事长。

人物语录

◎ 做大不如做精，做泛不如做专。
◎ 不把鸡蛋放在一个篮子里。
◎ 三条腿的板凳稳当。
◎ 留些遗憾不一定是坏事。
◎ 只有真诚，才能朋友遍天下。
◎ 认定的目标，就要一条路走到底。

> 创业十多年来，陈志蔚历经了一次次的市场磨炼和考验，创业的艰辛和收获的喜悦随着浓香的菜籽油一点一滴流淌出来。如今，他正在打造全产业链，从过去的"傍大款"中解脱出来，走出一条真正属于自己的路。

* * *

平头，中等身材，体格健壮，陈志蔚，作为江苏省佳丰粮油工业的当家人，乐观，和善，一向低调，和人交谈时脸上总带着笑容。

陈志蔚一手带起来的佳丰粮油，目前主打产品是"恒喜"牌非转基因菜籽油。别小看这非转基因菜籽油，陈志蔚为此已坚持了十多年。在此期间，陈志蔚历经了一次次的市场磨炼和考验，创业的艰辛和收获的喜悦随着浓香的菜籽油一点一滴流淌出来，香满神州大地。

/ 主打"非转基因"牌 /

大丰，地处江苏省东部沿海地区。在这座不大的城市里，原大丰市佳丰油脂有限责任公司（2015年更名为江苏佳丰粮油工业有限公司）可是小有名气，董事长陈志蔚"十年河东，十年河西"的故事，成了当地油脂业界的一段佳话。

阳春三月，笔者来到大丰，见到了"传说中"的陈志蔚，听他讲述与佳丰共同奋斗的历程。

1990年，年仅18岁的陈志蔚在方强镇粮管所工作，他从统计员做起，先后担任供销科长、大丰市粮油供应公司副经理等职务。

2001年，下岗后的陈志蔚筹资1000多万元，创办了佳丰精炼油分公司，主要从事油类、粕类的生产及贸易，第一年就盈利300多万元。同年，陈志蔚又创办了一家塑料厂，主要生产塑料油壶和油桶，此举标志着佳丰油脂正式迈进食用油领域。

"当时，大丰周边地区的老百姓和部分企业对食用油的需求很大，于是我决定采用不同于其他企业的营销办法——先产后销。"陈志蔚回忆说，当时很多油脂企业为了规避风险，大多是"以销定产"。

艺高人胆大。凭借多年丰富的粮油经营经验，陈志蔚将精炼油这块"蛋糕"越做越大，除江苏外，产品远销湖南、江西、浙江、安徽、山东、上海等十几个省市区。同时，佳丰油脂还与国内大型油脂集团合作，为其提供源源不断的优质产品，深得上海麦德龙、南京苏果等大型超市的青睐。

"佳丰油脂一贯提倡稳中求进，堪称苏中、苏北、苏南中小企业队伍的带头军。"陈志蔚说，佳丰油脂的主打产品是方青卓代言的"恒喜"牌非转基因菜籽油，倡导绿色、健康理念。

科学技术是第一生产力。2016年，该公司先后与江苏大学、江南大学合作，独家拥有发明专利5项、实用型专利8项。公司承担国家科研课题2项，获国家科技三等奖1个，发表科技论文5篇。

佳丰油脂还对棉籽油深加工进行研究开发。"高油脂含量微藻规模化培养及收集关键技术"被江苏省科技局列为2009年大丰科技开发重点项目之一。2011年，佳丰油脂与江苏大学联合成立了"油菜籽深加工研发中心"，共获得研究开发专利7项，其中，"年产2万吨非转基因低芥酸菜籽油关键技术集成及产业化"被国家科技部列入国家级星火计划。

多年来，佳丰油脂十分注重质量管理，曾获大丰市质量管理奖。"恒喜"牌产品先后被认定为"盐城市知名商标""江苏省著名商标""中国驰名商标"。2008年"恒喜"牌一级食用油被江苏省民委认定为"清真食品"，公司被认定为"清真食品基本供应点"。2009年佳丰油脂生产的3万多吨清真食品油在新疆、甘肃、河南、云南、江西、贵州等地深受消费者的喜爱。

在陈志蔚的主导下，佳丰油脂采取"基地＋农户＋收购加工＋销售经营"的模式，不断探索基地效益和公司发展互相促进的新路。如今，佳丰油脂下辖日加工400吨原料的压榨厂、日生产500吨色拉油的精炼厂、日生产300吨小包装油中心、仓储分公司，以及1000亩试验田实验基地，已成为集菜籽收购、加工、销售，大型油脂贸易，省级、地方油储及国家临时油储于一体化的省级龙头企业。

/ "不把鸡蛋放一个篮里" /

天有不测风云。2008年下半年,一场突如其来的国际金融危机,让国内油脂行业陷入了步履维艰的境地,菜籽油市场价一落千丈,以一级菜籽油为例,从16 000元/吨跌到最低谷时的6000元/吨,油脂行业千疮百孔,就连效益一直很好的国有企业也难逃一劫。

在强烈的冲击下,很多油脂企业宣告破产,身处快速发展期的佳丰油脂也难以"独善其身"。

陈志蔚说,2008年金融危机时,佳丰油脂上半年利润很可观,可下半年风暴来得太迅猛,一下子亏损几千万元。"当年,职工工资4个月发不下来,银行贷款要到期,精神压力很大。"2009年,陈志蔚痛定思痛,以"现在做什么?将要做什么?将来做什么"为主题,在企业展开大讨论,统一思想。

机会总是留给有准备的人。当年,国家启动油菜籽托市收购政策,佳丰油脂和中储粮合作,承担了4.5万吨托市油菜籽的收储任务,从此打开了一个新局面。

由于油罐容量有限,陈志蔚心一横,历时3年,扩建了4万吨容量的食用油库,加上原有的1万吨容量,佳丰5万吨的油罐容量大大解除了当时地方油储的紧张局势。

尝到甜头的陈志蔚看到了曙光,决心将来要做国家"托市"的前四强,利用国家托市政策和盐城的地理优势以及佳丰油脂的5万吨油库容量,撑起油菜籽"托市"的一片天。

说到做到。2009年,佳丰油脂油菜籽托市量位居江苏第三位、全国第十七位;2010年,位居全国第一位;2011年位居江苏第二位、全国第九位;2012年位居江苏第一位。

吸取了金融风暴冲击的教训,陈志蔚意识到,"不能把鸡蛋放在一个篮子里"。2009年,佳丰油脂与盐城市粮食局合作,参股30%,成立盐城市禾丰粮油储备有限公司,目前已建成库容12万吨的仓库,发展势头良好。陈志蔚说:"再苦再累,也要把保障企业长足发展的资源用到可持续发展上。"

佳丰粮油工业加盟后，禾丰粮油储备有限公司已建成2000吨泊位码头3座，港池220米，再配套以文化长廊、廉政花园、农民服务区，一座现代化、花园式的物流中心拔地而起，成为张庄工业园区、皮岔河畔的一道靓丽风景。

/ 三条腿的板凳稳当 /

陈志蔚认为，佳丰油脂这几年之所以稳立潮头，就在于多轮驱动，抗风险能力强。据介绍，佳丰油脂现有五大板块：一是传统的粮油购销和储存，二是小包装精炼油，三是压榨油厂，四是托市收储，五是家庭农场。

"家庭农场拥有两个基地，共15万亩，近1000户农户在基地里种植高效油菜籽和水稻。基地实行全过程'保姆式'服务，并以高出市场价0.2元/斤的价格收购基地农户的油菜籽。"陈志蔚介绍说。

经历严冬的人更珍惜太阳的温暖，经历过危机的企业，更知管理的重要。当记者问到佳丰油脂在发展中遇到的最大瓶颈是什么时，陈志蔚坦诚地说，主要是人才方面，当企业驶入快车道时，随着业务触角的不断延伸，现有人才力量难以跟上企业发展的步伐。

"我们首先从领导层解决，发扬'南泥湾'精神，自我充电，自我开发，自我提高，同时，有意识地引进相关人才。2008年以来，先后招聘了20位大学生，主要从事科研项目开发和营销业务拓展，并向生产技术方面延伸，这些大学生中有的已成了中层领导，还有一位进入了高层，成为企业的中流砥柱。"陈志蔚说。

谈到当时的困难，陈志蔚笑言："即便有困难，也都是企业可以自行解决的，我坚信，只要有恒心，没有不可逾越的堡垒。"

/ 做"喜"文化传承者 /

有了基地，有了人才，"恒喜"的品牌之路也越走越宽。"做中国'喜'文化的传承者。"陈志蔚为他的"恒喜"品牌赋予了新的文化内涵。

提起著名影视演员方青卓，大家都不陌生，她在荧屏上悉心刻画的中年妇女形象入木三分，深受观众喜爱。2010年，在全国实施企业品牌化战略大会上，佳丰与方青卓签署了佳丰油脂品牌代言协议。

"用恒喜，心欢喜"。两者的合作，不仅让"恒喜"牌食用油深得百姓喜爱，还让佳丰油脂从盐城走向全省，并逐步登上国家"大舞台"。

2012年8月，陈志蔚专程赶到昆山影视基地，代表佳丰油脂与方青卓续约，让她继续担任该公司的形象代言人，身着古代戏装的方青卓还和穿着花格衬衣的陈志蔚照了一张合影。

2009年，佳丰油脂被国家民委、中国人民银行、国家财政部联合审定为"全国少数民族特许商品定点生产企业"；2010年被评为"全国食用植物油加工50强企业"；2011年10月，佳丰油脂获邀参加"中国粮油财富论坛暨中国粮油榜颁奖盛典"，荣膺"中国百家粮食企业"称号，陈志蔚荣获"中国十佳粮食创业风云人物"称号；2012年佳丰油脂荣获"中国十佳粮油成长性企业"称号。

时光转瞬到了2016年，"恒喜"牌食用油已分别荣获"中国驰名商标""江苏省著名商标""省名牌产品"称号，在第六届中国粮油榜推介活动中，又摘得"中国十佳粮油食品品牌"桂冠。

"我们要积极利用品牌优势，扩大营销网络，年各类中小包装油销售额力争占到总销售额的1/5以上，达到2亿多元的销售额。还要打造全产业链，从过去的'傍大款'中解脱出来，走出一条真正属于自己的路。"陈志蔚对佳丰粮油工业的明天充满了信心。

郭天财：

把论文写在大地上

□ 魏俊浩　裴会永

郭天财，1953年6月生于河南省济源市，河南农业大学国家小麦工程技术研究中心教授、博士生导师，国家一级重点学科小麦栽培方向学术带头人，享受国务院政府特殊津贴专家，河南省省管优秀专家，国家小麦产业技术体系岗位科学家，兼任农业部小麦专家指导组副组长、河南省小麦专家组组长。

人物语录

◎ 作为农业专家，要把论文写在大地上，把成果融入增产中。

◎ 农业专家就要把深奥的东西变成简单易懂的话，让农民一听就明白。

◎ 看到粮食丰收时，就是我人生幸福指数最高的时候。

◎ 不能让种粮人吃亏。

◎ 我希望小麦产量更高，品质、效益更好，希望中国人的饭碗里，有更多的河南优质小麦。

> 粮食关系到人民的生存和国家的稳定，中国人的饭碗必须端在中国人的手中。年少时，郭天财就立下了这样的志向。从少年到花甲，时间带走了青春，却让他的志向更加坚定。如今，他依然常年奔波在种粮第一线，为我国小麦的优质丰产孜孜不倦地做着贡献。

* * *

40年，一"麦"情深。人送外号"郭小麦"的郭天财，1977年从河南农业大学毕业后，便一头扎进田地里，研究起小麦。40年时间，这位忠诚的麦田守望者，取得了一系列重大科研成果，成为国内研究小麦的顶尖专家。他引领了我国小麦的高产方向，为河南小麦产量连创新高提供了重要的技术支撑。当下，他正在为我国优质小麦的发展殚精竭虑。

/ 麦田里走出的新"愚公" /

如果神话传说中的愚公真有其人的话，那郭天财是愚公的地道老乡。

1953年6月，郭天财出生在济源王屋山一个普通的农民家庭。

"在我记忆里，小时候饿肚子是常事。"郭天财说，上小学的时候，书包里总要带上妈妈蒸的菜团子，菜团子不扛饥，饿肚子的滋味让他至今印象深刻。

贫困的农村生活，使郭天财养成了勤奋刻苦、坚忍奋进的性格。从小学到高中，他成绩一直名列前茅。1974年，高中毕业的郭天财被保送到河南农业大学。

"我是农民的儿子，我知道饿肚子的滋味，粮食关系到人民的生存和国家的稳定，中国人的饭碗必须端在中国人手里。"郭天财为自己立下了这样的志向。

1977年，郭天财留校从事教学和小麦科研工作。从此，他便与小麦结下了不解之缘。

遇到播种、收割的关键时候，郭天财十天半月不回家都是常有的事。

2006年，他的老伴儿因为脑中风在医院住了将近2个月，2007年又因做乳腺手术住院近3个月，但郭天财几乎没有陪过她一个整天。家人并没有因此抱怨他，因为他们知道，在郭天财的心里，他早已"嫁给了小麦"。

2011年大旱的时候，郭天财陪农业部督导组在全国各地视察旱情，指导农民抗旱，20多天都没有回过家。郭天财给母亲打电话，称跟着领导在外指导农民，帮着抗旱、夺丰收。郭天财母亲听后说："天财，天遇大旱是国家有难了，你在外面不要大吃大喝，你省点儿钱，让老百姓多浇地，多打点儿粮食。""我想，我妈的话代表了最最普通农民的真正心声，这么多年来，这也是我搞好小麦科研、搞好小麦生产的一个不竭的动力。"付出总有回报，郭天财得到的回报不是物质和金钱，而是农民的信服和敬仰。

有一年冬天，河南遇到强降温，小麦的越冬期比往年提前了一个多月。第二年春天，郭天财去一个小麦生产大县考察时看到，有一个农民在用化肥浇麦子。郭天财感觉不对，便上前询问原因，得知是嫌苗太小时，郭天财制止了该举动，并告诉他，想要让麦苗长得快，就要解决主要矛盾，而现在的主要矛盾是温度，而不是肥料和水。

其实，河南的农村曾流传这样一句话，"庄稼活，没啥学，人家咋做咱咋做"。郭天财明白，很多农民都是种庄稼的老把式，如果你给予指导，必须有真本事，一定要讲到点子上，如果是随便讲一讲，不拿出真招，老百姓是不相信你的。

郭天财遂和该农民约定，剩下的两亩多麦田就不要浇了，只用锄一锄，让温度升上来即可。以后，可以将这两亩地的收成和已经浇过的两亩做个对比，如果每亩地不比浇过的多收50多斤的话，他就可以到河南农业大学门口，说："河南农业大学的郭天财教授是个草包教授，他指导我，指导减产了。"如果丰收了，他就请郭天财吃个捞面条再加两个鸡蛋。说着，郭天财还掏出了自己的名片。

当然，结果是郭天财赢了。如今，那句在河南农村流传的顺口溜也逐渐变为："庄稼活，学问多，专家咋说咱咋做。"

/将深入种粮一线作为责任/

由于常年奔波在田间地头,对小麦的生长情况了如指掌,郭天财先后数次受邀陪同党和国家领导人深入麦田调研,汇报小麦生产特点,预测分析当年的小麦产量。

当然,这与郭天财对工作的努力和辛勤付出是分不开的。

每当小麦进入春管期,郭天财也就进入一年中最为忙碌的时期,几乎每天都马不停蹄地奔波在乡间麦田。他常年随身就揣着两件"宝":一把小扁铲、一个钢卷尺。小扁铲用来挖苗、察看苗情,钢卷尺用来测量土层和麦苗。

时常,他头发白了也不染,皮鞋脏了也不擦,衣服经常穿得和农民没两样……在很多学生看来,郭老师太不"讲究",不像在大学教书的教授,更像种地的农民。

其实,郭天财的衣柜里也有上千元一套的西服,但他很少穿,只有去北京人民大会堂开会的时候穿过、作为河南省劳模上台领奖时穿过。

"咋讲究?皮鞋擦了到地里也是两脚泥,干脆不擦。"郭天财说,可能上午他还在上课,下午夹个包就到地里看庄稼去了。"种地的人,要恁讲究干啥!"一年365天,郭天财有260天都在野外。麦播前的20天,他要研究土壤和墒情,从麦种下地到收割共8个月,平原、山地,水稻茬、玉米茬,小麦啥时候渴、啥时候饿、啥时候要睡觉,他都要了如指掌。眼见为实,他就全省到处跑着看。

河南省政府奖给郭天财一辆轿车,哪里的小麦有情况,他立马就到了。看他总是心急如焚的样子,同事打趣说:"我们建议政府再奖给郭教授一架飞机,这样再去看麦就能更快了。"

在郭天财看来,这一切都是正常的事情,"作为专家,我们不能整天坐在办公室里写论文。要把论文写在大地上,把成果融入粮食增产中。"郭天财说,这是农业科技工作者义不容辞的责任。

作为一名大学教授、博士生导师,郭天财对学生的要求也是如此。他引导学生学农爱农,到生产实践中去,到农民中间去,长知识、增才干、开眼界、练技能,并注重在科研实践活动中提高学生的创新精神、科研素质、实践动手能力和发现、解决生产实际问题的能力与水平。

郭天财经常把田间当课堂,把麦苗当教材,从筛选利用品种入手,带领年轻教师和学生深入小麦生产和科研第一线,查苗情、查灾情、查病虫草情,实地观察高产小麦生长发育规律,现场讲解小麦生长发育特点,研究制定了一系列配套高产栽培技术措施,并采用"边研究、边示范、边推广"的有效形式,取得了一系列在理论上有重大创新、技术上有重大突破、生产上有重大应用价值的重大科研成果。近年来,郭天财领导的课题组在浚县创造百亩连片亩产751.9千克、万亩连片亩产690.1千克的国内相同生态类型区同期同面积高产纪录,2014年在修武县创造小麦平均亩产821.7千克的全国冬麦区最高产量纪录。

正是由于河南在小麦栽培创新研究方面取得的突出成绩,全国唯一的国家小麦工程技术研究中心才落户郑州。

/情系优质麦引领稳产提质/

2017年中央一号文件提出,深入推进农业供给侧结构性改革,优化产品产业结构,着力推进农业提质增效,重点发展优质稻米和强筋弱筋小麦。

作为著名的小麦专家,郭天财说:"以前是为吃饱,研究如何增产。如今是要吃好,研究如何稳产提质。河南要'抓两头,带中间',即抓好强筋、弱筋小麦,带动中筋小麦发展。"

河南省是我国优质强筋小麦的优势产区,也是优质弱筋小麦的优势产区,且加工能力强,发展优质小麦的市场前景好,可优质小麦的种植面积并不多,原因何在?

一直以来,小麦育种最大的难题是如何实现高产与优质兼得,现在很多所谓的强筋、弱筋小麦品种,年际间、地域间表现不稳定,给生产企业带来很大困扰。许多品种产量高但品质不好,还有许多品种品质好但产量不够,有些强筋优质小麦品种比普通小麦品种每亩产量低50~100千克,优质麦价格增加的收入还抵不上产量低带来的损失。

如何打破"高产不优质,优质不高产"这个瓶颈呢?郭天财说,首先培育出产量与中筋、中强筋小麦相当,品质能够稳定达标的强筋、弱筋小麦品种。品种要得到加工企业的认可,而不是自说自话、自娱自乐;同时,要研究优质小麦配套的栽培技术,以简化、易推广为主;再就是要搞好订单种植,做到专种、专管、专收、专储、专运,把优质小麦和普通小麦区分开来,真正实现"优质优价"。

郭天财与他的团队顺应时势,研发出优质高效的小麦品种,如强筋的郑麦366、新麦26等。他说优质小麦好处有三:替代进口产品;优质小麦比市场上普通小麦每斤贵0.15元左右,可实现农民增收;满足国内市场对优质主食产品不断增长的需求。

粮食生产是河南的王牌,如何保住这个王牌?郭天财提出了四个建议。一要加快培育新型农业经营主体,加快土地流转,推广统种统管统收,规模化种植。租地种粮的话,最好是以家庭为单位,控制土地规模,以200~300亩较为适宜,以节省人工费用,同时保证管理质量。二要加快构建新型经营服务体系。当前一些很好的栽培技术难推广,原因就是会增加种地成本,建议政府以购买服务的形式来推广。三要围绕新型农业经营主体的技术需求,强化农机、农艺、信息技术三融合,提高小麦全程机械化和智能化装备作业水平,实现小麦的高效生产,提高农民种麦收益。四要打通小麦产业链,让优质小麦从种植到收获、从储运到加工的各个环节都能高效运转,从根本上提升我国小麦产业的竞争力。

"优质小麦的需求不断增加,需要对小麦提质增效。"郭天财说,"我希望小麦产量更高,品质、效益更好,希望中国人的饭碗里,有更多的河南优质小麦。"

何益荣：

好企业家就是个导演

□ 王盟　周静

何益荣，1962年生，汉族，湖南郴州人，曾在湖南省郴州市矿务局任职，后进入湖南郴州粮油机械有限公司工作，现任郴州粮机董事长、总经理。

人物语录

◎ 管理没有固定模式，需要寻找到适合企业自身的管理方法。
◎ 企业领导者是为员工构建发挥平台的人。
◎ 管理是人性化和制度化的统一。
◎ 在一个企业之中，员工们可以有不同的想法、不同的诉求，但是必须有一个共同的价值观。
◎ 不打无准备之仗，对竞争对手、市场环境要进行全面分析。
◎ 企业管理上要具体问题具体分析，不能一刀切。

进入粮机行业近30年，从一个普通的员工到如今的全国知名粮机企业的负责人，对于企业管理，何益荣始终坚持要做好两项工作：一是加强技术创新，推出新产品；二是搞好市场营销，实现生产力转化。

＊＊＊

这是一个粮机人的故事，故事的主人公叫何益荣。进入粮机行业近30年，凭着踏实努力，他一步步从一个普通的员工成长为如今的全国知名粮机企业的负责人。

这，是一个生动的励志故事。

/ 扎根粮机 30 载 /

何益荣虽然是个南方人，却爱喝东北的小烧酒，这正如他的个性，直爽又冲劲十足。到了知天命之年，他直爽的性格没变，依然敢说敢做。

湖南郴州粮油机械有限公司1967年创立，何益荣与郴州粮机的缘分似乎是冥冥中注定的。

20世纪80年代初，何益荣被调到郴州粮机工作，他从基层做起：在车间工作过，当过业务员，做过3年多的营销工作，还做过一段时间的技术工作。随后，他担任过厂长助理、副厂长、副总经理、总经理，一直到如今的董事长兼总经理。

在郴州粮机的近30年里，何益荣几乎干遍了企业里的每一个工种。

如今在郴州粮机也形成了一种传统，无论到单位从事什么工作的员工，都必须到生产车间当一段时间的工人，了解公司的生产流程，熟悉公司的产品体系，这是为员工尽快融入公司提供一个"梯子"。

由于担任过不同的职位，何益荣也经历了从"副职"到"正职"的转变，对此，他感慨良多。

"从'副职'到'正职'，转变其实很强烈。"何益荣说道。他告诉记者，做副手的时候压力并没有那么大，天塌下来有人顶着，自己只要做好定位，配合一把手的工作即可。担任一把手之后，没有人可以依靠，员工都依靠着自己。

用何益荣自己的话来说，做郴州粮机董事长以来，取得过一点成绩，赢得过一点鲜花和掌声，不过这些都是与肩膀上的责任息息相关的。"工作上遇到问题，我始终保持积极的心态，同时也注意不断地学习充实自己，这是为了满足企业发展的需要，也是为了可以及时地了解行业的发展趋势。"

/ 为员工搭建平台 /

"领导就是为员工搭建平台的人，定目标，定战略，就像一个导演，提供剧本、道具，员工就是演员。为他们提供一个表演平台之后，剩下的就靠员工大显神通了。"这是何益荣对自己作为企业负责人的定位。

"粮机企业要发展，专业人才是必不可少的。一方面是技术人才，一方面是营销人才。技术人才可以推进企业产品创新，完善企业的产品体系；营销人才则将这种生产力较好地变成实实在在的效益。"何益荣说道。

据了解，郴州粮机已经建立了较为完善的人才体系，尤其是研发技术实力在行业居于前列。一些国内粮机企业技术上大都以模仿为主，这样可以缩短技术研发周期，不过容易在技术上受制于人，阻碍企业自主研发进程，同时难以培养企业自身的技术人才，郴州粮机则反其道而行之，从基础做起，扎扎实实地搞好技术研发工作。

"相对而言，这是一个弯路，但是可以培养一批自己的人才。初级技术可以仿造，但是高级技术必须通过企业自身的研发，这样才能掌握行业的竞争优势。"这是何益荣的技术人才观。

他告诉记者，企业是通过模块化、项目化将技术研发工作进行细化的。"我们会对技术人才采取专门的激励措施，根据时间、费用、技术水平等指标对员工进行考核。同时我们也将总目标进行分割，分成每年的目标、每个月的目标等，综合考虑目标完成的质量、效益等。"郴州粮机为员工提供了一个较为完善的上升空间，增强了员工对企业的向心力。

何益荣向记者介绍，郴州粮机目前已经形成了三个不同的员工构成层次。"第一层是核心层,主要由企业的董事、管理人员组成;第二层是由技术骨干、业务骨干组成;第三层则是企业的基层生产工人、业务员等。三个层次的员工构成不同,员工的诉求和素质也不同,在管理上必须采取不同的管理模式。"在何益荣看来,这三个层次之间可以进行相互转化,为员工提供一个奋斗和上升的空间。"干得好的员工要提拔,我们这里很多管理人员都是由车间出来的,作为粮机企业,员工不了解自己的产品怎么能行。"

除了扩大员工的发展空间,何益荣还致力于为员工提供一个良好的工作和发展环境。"这也是管理追求的一个目标,为员工提供三个完善的环境:生产环境、工作环境、文化环境。"何益荣说道。

建立良好的工作环境是何益荣一直主推的目标。由于企业是由旧有的国有企业改制而来,不可避免地经过了很多波折,在国有企业成长起来的何益荣对此有深深的体会,因此他十分注重"和谐"的工作环境的建设。

何益荣明白,帮助员工解决工作和生活中的问题,员工工作过程中没有了思想负担,工作效率自然会提高。"另外,我必须为企业和员工树立一个共同的价值观,创造一个共同的愿景,或者说是一种发展目标,让员工有动力、有兴趣去努力工作。""这就是团队的作用了。"何益荣说这句话时,顿了一下。他认为,在一个企业之中,可以有不同的想法,不同的心理诉求,但是必须有一个共同的价值观。"这可能就是'君子和而不同',公司给你提供展示自己的平台,但是你的作为必须和公司的整体目标相结合。一个人力量再大,个人想法不能得到别人的认可,互相掣肘,事情也不能搞到一起去。"建立刚性的"目标"之余,何益荣也没有忘记推出"柔性"举措。无论是员工生日时的鲜花和红包,还是对离退休员工生活的悉心照顾,何益荣都在为员工创造一个健全的生产、生活、工作环境,解决员工的后顾之忧,充分调动员工的生产积极性。

何益荣说现在企业的管理方式、制度上虽然还有一些问题,但是企业已经形成了较为良好的发展氛围,员工大多数都能努力工作。

/竞争中取胜/

"采取不同的工艺方法、组合设计,提升客户的核心竞争力,精确把控,以求最大地为客户创造价值。在世界各地粮食生产领域,为客户提供最优质和科学的产品和服务。"这是郴州粮机对外宣传片中陈述的企业发展定位。

目前郴州粮机产品销售覆盖全国,并涉及东南亚、非洲、南美等地区。"目前公司的国内业务销售收入占到70%～80%,海外业务为20%～30%,我们对海外的经销商进行技术培训,做好产品的售后服务工作。"何益荣表示。

如今郴州粮机资产达3亿元,每年的销售额在2亿～3亿元,已经成为全国粮机行业知名的企业之一,也是湖南省规模最大的粮机生产企业。这些除了是郴州粮机几十年的积淀外,也与何益荣数十年的管理分不开。

2001年起,何益荣开始担任郴州粮机总经理,6年后,他升任郴州粮机董事长,兼任总经理。从公司总经理到董事长,变化的是职位,不变的是何益荣对于企业发展战略的坚持。

"我们是粮机企业,必须做好两项工作,一是要加强技术创新,推出新产品;二是搞好市场营销,实现生产力的转化。"何益荣对企业具体发展方向了然于胸。

在他看来,企业坚持什么样的发展战略,需要与企业的行业定位相结合。"我们在行业内处于'挑战者'地位,正在积极发展,我们上边还有行业的'领导者',下边还有追随者。我们要做好自己的定位,既要赶超领导者,又不能让追随者超过。"何益荣说道。

行业地位清晰了,何益荣下一步就是对自己的竞争对手和客户进行有效的市场分析。

"要系统分析企业发展的竞争对手,不仅分析企业在全国范围内的竞争对手,也要分析区域性竞争对手,甚至单一产品具有优势的竞争对手也要进行分析了解。由于这些企业规模不同,产品体系不同,具备不同的销售策略,这些信息都必须让我们的业务人员掌握,做到有的放矢。"何益荣说。

客户方面，何益荣按照"二八原则"，做好大客户的维护、区域客户的覆盖、小客户的精细化。何益荣强调客户的细分应与企业的产品体系相结合，做好公司的主打产品，抓住公司利润率高、销售率高的"双高"产品，在为客户服务的同时，不断更新完善公司的产品体系。

"细分的好处在于为营销人员提供了一个开展业务的准备。他们可以在自身时间和精力有限的条件下，采取最为有利的营销策略。"何益荣如是说。

李光灿：

让糙米主食化福泽于民

□ 付嘉鹏　陈亮

李光灿，1957年生于四川省资阳市，毕业于西南农业大学（现西南大学）植物保护系，国家粮食储备局中心专家组粮情测控及自动化专业责任专家、四川大学兼职教授、中科院正高级研究员、四川省食品安全专家委员会专家。

人物语录

◎ 我在讲述一粒糙米的故事，走在糙米主食化路上。
◎ 谱写从田园到餐桌的颂歌，让糙米主食化成为常态。
◎ 我沾了老师的光，托了家人的福，得了朋友的助，跟了时代的步。
◎ 粮食是有生命的，可以构成一个生态系统。我要做的，就是研究它。
◎ 应该回归"老本行"，只有熟悉的行业才能真正做成功。

与其说李光灿是企业家,不如说他是一位学者。作为四川谷黄金集团总裁,他从未放弃自己的科研事业。他要把更多的时间花在产品、产业的创新研究上,让糙米主食化泽福于民。

* * *

无论是哪位客人来到办公室,李光灿都会泡一杯发芽糙米茶、拿出一盒发芽糙米饼干招待。

看着玻璃杯中慢慢升腾的紫色水雾,李光灿向《粮油市场报》记者介绍说:"这是紫米本身富含的花青素。一般黑色或紫色食品中,花青素的含量很高。发芽黑米的花青素、伽马氨基丁酸和可溶解膳食纤维很丰富,具有抗衰老、通肠利便和帮助消化等效果。"作为四川谷黄金集团总裁兼首席专家,李光灿已经脱离科研院十多年。即便如此,前半生醉心科研的他,仍会在百忙之中抽出时间做一些研究。

"我刚刚刊发了有关'糙米主食化'的论文,被很多数据平台收录。"李光灿打开电脑,百度出这篇文章。这时的他,是一个学者。

/ 坚守出来的机遇 /

"虽然我家里世世代代都是农民,我父亲也在农业部门工作,但我最初的理想,并不是农业。"20世纪50年代,李光灿出生于四川资阳的一个普通农民家庭。

1975年,高中毕业后,李光灿回乡务农。当时,老家的文化人并不多,像李光灿这样有高中文凭的人,更是少。于是,他没干几天农活,就当上了小学教师。不过,公办代课教师的收入也不比农民好多少。李光灿清楚地记得,当时一个月工资仅27块钱,福利是两斤煤油。

"我从小就有自己的志向,我想当工程师,想修建漂亮的房子。"这个志向一直激励着李光灿,因此,在教学之余,他不断自学,期望实现自己的理想抱负。

功夫不负有心人。1977年，李光灿成为国内恢复高考后第一批参加高考的人，并顺利跨入西南农学院的校门，攻读植保专业。入学一个月之后，近百位同学因为各种各样的原因离开了这所学校。没有任何背景和门路的李光灿，选择在这所学校坚守。

然而，或许连他自己都没有想到，他的坚守，使其有机会亲身见证中国粮食仓储技术的发展，并创造历史。

/见证粮食仓储技术发展/

李隆术，中国近现代昆虫学家，中国仓库害虫生态学奠基人，中国粮堆生态系统研究的奠基人。他也是李光灿的老师。

"我在大学期间学的是植保专业，是粮食产前研究。后来，我刚好赶上学院招收第一批研究生，报考了李隆术教授的研究生。他是国内粮食仓储方面的泰斗，因此，我研究生时期的研究方向就过渡到了粮食产后。"李光灿是个非常要强的人，当初进学院时，他的成绩并不靠前，为了在短时间内赶上来，他放弃了节假日回家的机会。最终，他以年级第一的成绩考取了李隆术教授的研究生。

"粮食是有生命的，它会呼吸，会生病，它们可以构成一个生态系统。而我所要做的，就是研究这个系统。"由于李光灿对计算机充满了好奇，在那个电子管时代，他就开始学习BASIC编程语言，并将自己的课题研究与计算机模型研究结合起来。

李光灿所在的研究生班，共有50名学生。

由于李光灿性格活跃，且成绩优秀，被大家一致推举为班长。这位班长不仅专注于自己的研究方向，还精通外语，帮助老师、同学翻译外国论文和著作，深受好评。这些专业技能使得李光灿有机会接触到当时粮食行业的高、精、尖项目。

由于李隆术教授取得的成就卓著，他曾多次去美国、英国、加拿大、澳大利亚等国出席国际学术会议和进行学术访问考察。作为其高徒，李光灿也有幸参加了部分会议。在一次学术会议上，李光灿在导师的带领下，和原商业部四川粮科所（现国家粮食局成都粮食储藏科研设计院）所长靳祖训碰面。那时，国家正在加大粮食仓储技术方面的科研投资。在此背景下，西南农学院和四川粮科所方面达成意向，由国家在该院投资50万成立储粮害虫生态研究室，进行相关科研，并培养人才。

"粮科所领导对于我的工作能力、研究方向及学术前景，均比较看好。因此，提议把我纳为第一批人才培养。"在这个框架下，李光灿在西南农学院的各种研究和工作经费都由四川粮科所来承担。作为回报，毕业之后，李光灿必须到四川粮科所工作，且在学校工作时限不少于3年。对于一个穷学生来说，不仅自己的研究工作经费可以保障，而且未毕业就已经有了接收单位，实在是一个不错的选择。李光灿即刻答应。

没有了后顾之忧，李光灿将所有精力投入科研项目上。不久，他就碰到了一个令自己名扬粮食行业的大项目。"这是国家科技部下达的一个科研课题，属于'七五'攻关项目——粮食储藏保鲜技术的研究开发。"在导师的带领下，李光灿没日没夜地工作，为该科研项目的顺利完成奉献了自己所有的精力，成为团队中的重要力量。

付出总有回报。1992年，"粮食储藏保鲜技术"获国家科技进步三等奖，次年获得商业部技术进步一等奖。1990年，李光灿跟随四川粮科所由绵阳迁址成都。就在当年，该所接到了原国家商业部一个非常重要的项目任务。"该项目除了需要参与专家身处粮食行业，还要精通外语和计算机技术与操作。所里研究来研究去，认为只有我合适。"1991年，30多岁的李光灿，成为原商业部"粮食流通体制改革世行贷款项目"3人专家组成员，他的名字也开始在粮食行业传播开来。

随后，李光灿又主持了一个个研究项目，取得了一个个科研成果，发明了一个个专利，获得了联合国信息峰会大奖、国家科技进步二等奖、四川省政府技术进步一等奖等奖项。同时，他的研究成果也越来越丰硕：国内第一个粮油信息管理系统、粮温监测系统、粮库压力测试系统、粮库光敏传感系统、电脑农业专家系统、储粮害虫专家系统、稻谷综合利用研究与开发、稻谷加工副产物开发与利用、米糠保鲜稳定技术研究与开发以及发芽糙米技术与装置的设计与研制等。

/ 糙米故事的讲述者 /

如今，在李光灿的办公室书柜里，不仅摆放着各式各样的书籍、文件、档案和资料，还陈列着谷黄金集团生产的各种产品，包括四川银丝香、四川长粒香优质大米、富纤米（面）粉等生态主食系列，发芽糙米、发芽糙米糊、发芽糙米点心、发芽糙米粉、食用米糠等功能食品系列，发芽糙米乳、发芽糙米茶、苦荞茶等健康茶饮系列以及发芽糙米麸化妆品等美容护肤产品系列等。在他看来，这些产品将成为自己下半生奋斗的事业，永不改变。

"通俗来讲，精白大米是死米，好看，好吃，但不营养；糙米是睡着的米，营养，但不好吃、不好看；发芽糙米是活米，营养又好吃，还好看，这种特质使糙米主食化成为可能。发芽糙米是通过精选当年产优质稻谷加工的糙米，经过生物无公害技术，在没有任何化学添加剂的物理条件下，将糙米萌动、发芽，到诸如伽马氨基丁酸和可溶解膳食纤维等营养物质达到最佳状态时，即行终止使其得以保持，是一种优良的天然功能食品，营养价值高。可以说，推行糙米主食化是一项节能环保、利国利民的大工程。因此，我要向所有人讲述这一粒糙米的故事，谱写从田园到餐桌的颂歌。"李光灿介绍说。

其实，从一流专家"变身"为企业家，四川谷黄金集团并不是李光灿的开始。

作为专家学者，往往视自己的科研项目为孩子。如果这个项目在自己的培养下茁壮成长，并造福社会，是每位科研人员的心愿。李光灿与其他科研人员一样，一直期望着能将自己的科研项目推广开来，然而，由于各种各样的原因，项目推广效果并不如意。思来想去，他认为，只有自己组建实业公司，才能更好地将科研成果转化。

2001年，四川省组建四川省农业信息工程技术研究中心和四川省粮食产后工程技术中心，李光灿出任两个中心的主任。其间，机缘巧合下，李光灿与曙光信息产业公司的负责人接触并沟通。他很快意识到，自己的时机到了。于是，四川曙光信息产业有限公司很快宣告成立。

但是，运作企业并不是一件易事，由于股东间一些不可调和的矛盾，曙光很快分崩离析。"我好好总结反省了一下，认为自己应该回归'老本行'，只有熟悉的行业才能真正做成功。"李光灿说。

幸运的是，李光灿的稻谷综合利用及副产物开发的研究工作从未停滞。他围绕稻谷从种到收再从加工到餐桌的整个产业链及副产物开发利用研发出许多成果，取得了多项专利。

"在美、日、韩等发达国家，富人吃糙米，穷人才吃白米饭。在我国，稻谷的初加工已经走到尽头，而副产品加工才刚刚开始。"李光灿认为，过去人民生活在基于解决温饱的阶段，关注吃饱，吃细粮，吃大米，以数量为主是应该的；而现在国家发达了，社会进步了，生活水平提高了，人民开始讲究生活质量和品质，不但要吃饱，还要吃好、吃健康、吃安全、吃均衡，因此糙米主食化粗细搭配应该是今后食品发展的方向，这也是自己今后发展和努力的方向。

机会总是眷顾有准备的人。2006年，李光灿和现在的合伙人连仕成相识。随后的时间里，通过多次合作交流，合伙人开始逐步接受并认同李光灿的观点和研究方向。

2009年，合伙人终于表示，希望与李光灿进行合资合作，自己出资和李光灿合伙，一起进入粮食精深加工行业。2011年注册，2012年筹备，2013年投产，2014年产品化、产值化、产业化。

因为手握成熟的专利技术，核心产品都是企业标准，李光灿与合伙人成立的四川谷黄金集团，在糙米系列产品精深加工方面创造了"深圳速度"，与北大荒和中粮的产业链互补式合作，从田园到餐桌的全产业链和以健康餐桌为中心的全产品线模式正在形成。

面对未来，李光灿表示，作为专家学者，他希望企业走向规范之后，让位于贤，潜心于集团的研究院，做企业的创新和技术产品储备工作。"我要把更多的时间花在产品产业的创新研究上，让糙米主食化持续福泽于民，使自己的努力能为人们的健康安全生活做点微不足道的贡献，保证谷黄金集团在糙米精深加工行业的技术领先。"

李学斌：

难断粮食情的"技能大师"

□ 赵瑞华

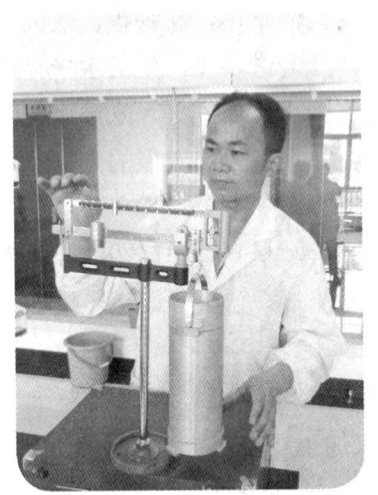

李学斌，安徽省芜湖市惠丰省级粮食储备库副主任、高级技师，第十三届高技能人才表彰大会上被授予"全国技术能手"荣誉称号。

人物语录

◎ 虽然粮食保管工作很辛苦，但心中这份粮食"情分"支持我一路走到了今天。

◎ 预约收购、均衡入库，让农民兄弟感受到国家惠农政策的温暖。

◎ 对技术问题和解决方法，不仅知其然，还要知其所以然。

◎ 一点小小改变，便能大大减轻后续工作强度，提高效率。

> 从1989年到2015年，粮食储检专业出身的李学斌在一线粮食保管岗位一待就是二十多年，曾两次差一点中断他与粮食保管的"情分"，如今他则成为从基层粮库走出的"技能大师""全国粮食行业劳动模范"。

* * *

2015年的第一场雪纷飞之时，记者在安徽省芜湖市惠丰省级粮食储备库见到了李学斌。被几位记者围绕着介绍情况时，李学斌显得有些紧张，时不时地端起手边的水杯，以缓解这与工作时截然不同的氛围。

李学斌，"全国粮食行业技术能手"，国家粮油保管技师，芜湖市"首席技师"，安徽芜湖惠丰省级粮食储备库技能大师工作室主任，2015年被人力资源和社会保障部及国家粮食局授予"全国粮食行业劳动模范"称号。

从1989年到2015年，粮食储检专业出身的李学斌在一线粮食保管岗位一待就是20多年，曾两次差一点中断他与粮食保管的"情分"，如今他则成为基层粮库走出的"技能大师""全国粮食行业劳动模范"。

/ 难舍"粮食"两度回头 /

1989年7月，21岁的李学斌从安徽省蚌埠粮食学校毕业来到彼时的大桥粮站，带着风华正茂的满腔激情，开始了自己一线粮食保管工作。

2003年10月，时值粮库改革，过了而立之年的李学斌经多重考虑后从大桥粮站买断工龄，离开了干了14年的粮食保管工作，开始与妻子从事个体服装经营，年收入在10万元以上，日子开始有红火的苗头。

时间来到2005年9月，芜湖市大桥粮站与另外两家市属企业合并组建安徽芜湖大桥省级粮食储备库。深感专业人才缺乏的领导三次登门，动员李学斌重新回到大桥储备库负责粮食质检、保管工作。深思熟虑后，李学斌毅然决然地将服装店交给妻子一个人打理，重新回到熟悉的大桥粮库，回到了粮食保管岗位。

2008年初，粮库经济效益较差，职工收入较低，出于家庭因素考虑，李学斌恋恋不舍地向粮库递交辞职申请，准备回家帮助爱人打理服装店。

此时正值粮库落实储备粮计划的关键期，李学斌这样的技术骨干更是必不可少的急需人才，在粮库领导的劝说下，他又留了下来，安心粮食保管岗位，为保障彼时的储备粮粮质安全付出了多个日日夜夜。

当时的工资仅有几百元，面对艰苦的环境、微薄的收入、家庭的需要，有些人选择了放弃，周围也有不少人力劝李学斌"何必去受这罪呢"。

谈到昔日的这份坚持，李学斌告诉《粮油市场报》记者说："我学习的专业就是粮食，虽然粮食保管工作很辛苦，收入不高，并且工作环境也不好，但心中始终舍不得这份热爱，这份粮食'情分'，也是这种感情支持我一路走到了今天。"

/ 好学钻研科技保粮 /

大桥粮库组建初期，百废待兴，由于经费紧张，李学斌带领同事清扫仓库、粮食入库、平整粮面、密闭粮面，仓内一身汗，出仓一身灰，工作可谓又脏又累，先后为企业节约了三万多元保管费用，这部分钱在财务状况相当困难的建库初期发挥了很大作用。

尽管储粮条件差，李学斌凭借着自己过硬的专业知识、善于钻研的工作精神、任劳任怨的工作态度，团结带领科室人员在科学保粮上下功夫，在粮食收购、储存、质量管理上，克服了许多困难，从无到有，终于探索出适合本企业的科学保粮方法。

随着企业财务状况的逐渐好转，李学斌开始将重心放在科技保粮上，不断引入新的保粮新技术，积极探索研究保粮小窍门。

2013年，该库创建李学斌技能大师工作室，12月，被芜湖市人力资源和社会保障局评选认定为"市级技能大师工作室"，被芜湖市总工会评选认定为"创新工作室"。

在李学斌的技能大师工作室内，一把类似电钻的小玩意儿吸引了记者的注意。

"这是一个电动摇窗器，改变了过去采用的手摇靠齿轮传动开、关仓库廒间窗户的办法，操作方便、快捷，大大减轻了保管员开、关窗的工作强度，提高了工作效率。它还设置了一个前灯，只要扣动扳机开关，即可点亮前灯，夜间操作也十分方便。"李学斌一脸笑意地对《粮油市场报》记者说。

为了保障储粮安全，李学斌工作室团队利用粮面压盖物和环流熏蒸回流管道，控制风路走向，从而减少粮食水分丢失，保持粮食品质。

通过此种方法，该库储备粮在经过三年保管后轮换出库时逐渐趋于零损耗，近三年来累计为单位减少粮食损耗760吨，直接经济效益190万元。

芜湖惠丰省级粮食储备库党支部书记王凤桃对记者说："坚持、钻研，这是李学斌身上最明显的两大优点，通过持续坚持、不断钻研，他成为今天的李学斌——我们库的'技能大师'。"

2014年7月，李学斌技能大师工作室被安徽省人力资源和社会保障厅评选认定为省级技能大师工作室。

/ 开拓创新率先垂范 /

2015年10月，李学斌被组织提拔任命为库副主任，分管仓储、质检、安全生产工作。

上任伊始，正值芜湖市市级储备粮轮换入库，第一天开磅就来了60余辆车，场面一度非常混乱，有的车压了三四天才得以卸车。

如何既能确保国家惠农政策落到实处，确保售粮农民利益，又能及时完成国家储备轮换任务，经过调研，他研究摸索出了一套预约收购、均衡入库的办法。

根据粮库每天的最大入库能力，均衡安排每位种田大户的售粮车辆，保证不压车，使每一位售粮农民当天即可完成卸粮，受到了售粮农民的交口称赞。

李学斌时刻告诫质检员，要严格执行国家标准，公正地对待每一位售粮群众，既不准压级压价，也不准抬级抬价。他每天带领保管员、质检员六点钟就赶到库里取样化验，晚上带领保管员把所有售粮农民的粮食收完才下班。良好的服务意识使农民兄弟真正感受到了国家惠农政策的温暖，拉近了农民与粮库休戚与共的感情。

在2016年的粮食轮换工作中，一度出现从开磅时的"卖粮难"，到后期"一粮难求"，但那些前一年受到良好服务的农民依然把粮食送到了惠丰储备库，农户纷纷表示："虽然有人出高价来买我们的粮食，但我们相信惠丰库，去年我们卖粮难，你们想方设法收了我们的粮，我们不能忘本，我们还是把粮食卖给你们。"

根据安徽省粮食局信息化建设统一部署，惠丰省级粮食储备库成为全省第一批省级储备粮管理信息化示范库。为此，李学斌不仅指定专人全程参与，自己也是全身心投入，积极与施工方沟通、协调，使信息化的建设工作与惠丰库的实际工作相融合。现在一期建设已经完成，达到了省局要求的预期效果。他更是勇于用人，让刚招聘进来的大学生全程参与，要求他们不仅知其然，还要知其所以然。现在他们不仅能够熟练操作信息化设备，即使是一些小的故障也能够自行排除，达到了培养人、锻炼人、使用人的目的。

2016年暑期，正值大桥库区粮食轮换出库期间，惠丰库派一辆车到大桥库区接送参加出库工作的员工，三山主库只剩一辆车接送大家上下班。由于大家在市区住得比较分散，李学斌主动要求每天骑半小时自行车到距家较远的地方等车，将方便留给了更需要的员工，受到了大家的称赞，而用李学斌的话来说则是"锻炼了身体、提升了境界、做出了榜样"。

/ 红花引领绿叶欣欣 /

2009年11月，李学斌被安徽省粮食局选为代表安徽省参加"全国粮食行业技能大赛"的队员之一，这对当时的他来说，却有点喜忧参半。

当时李学斌一方面要面对库内十分繁重的工作，另一方面，家中幼小的孩子也需要他适时照顾，可谓分身乏术。粮库领导及时帮助其解决家庭困难，令其全身心地投入技能大赛的备战中，最终荣获2010年全国粮食技能大赛银奖，并获"全国粮食行业技术能手"荣誉称号，同时为安徽省代表团获得大赛团体冠军立下大功，受到安徽省粮食局的表彰。

李学斌不仅自己努力学习，钻研科学保粮知识，还充分发挥传、帮、带作用，使库内每一位员工都掌握了一项以上的储粮技术，现在全库所有员工均能进仓进行熏蒸作业，带出了一支过硬的保粮队伍，代表芜湖市在安徽省首届、第二届大赛和全国粮食行业职业技能大赛上取得了佳绩。

在2013年3月和2016年7月举行的安徽省第三届、第四届粮食行业技能大赛上，芜湖代表队获得团体第三名、第二名，两次代表队六人中有五人来自惠丰储备库，多人荣获"安徽省粮食行业技术能手"称号。

如今，李学斌带领的技能大师工作室共由7名技术骨干组成，最年轻的一位保管技术员是位"80后"的年轻人，这个骨干团队为惠丰粮库的粮食保管安全提供了最坚实的技术支持，如今也正在积极备战下一次的技能大赛。

在技能大师工作室内，除了各种专业书籍和技术操作规范之外，一盆名为红运当头的绿植引人注意，肥厚的绿叶中心是一团嫣红。这更像惠丰粮库技能大师工作室的譬喻，一团嫣红引领着周围的多片绿叶，共保粮安欣欣向上。

刘习东：

"三大战役"开启苏粮新时代

□ 胡增民

刘习东，江苏省泗阳县人，1981年7月参加工作，党员，2011年6月至今，任江苏省粮食集团董事长、党委书记，江苏省第十一届政协委员，中国粮食商业协会副会长，江苏省国际商会副会长，2012年荣获"中国十佳粮油创业风云人物"和"江苏省首届粮食行业领军人才"称号，2013年荣获"中国粮食经济十大人物"称号，2016年荣获"江苏省优秀企业家"称号。

人物语录

◎ 把心放在事业上，把事业放在心上。拥有事业心，才会忙得快乐，累得欢喜。

◎ 诚信是金，忠诚守信，言出必行。

◎ 走对一百步才能成功，走错一步就会失败。

◎ 人可以平凡，但不能平庸。

◎ 坚持每天做一件实事。

◎ 粮食行业应加快实施品牌战略，做到既会干苦活，在数量上挣钱，又会干巧活，在价值上挣钱。

> 他始终把自己定位为一名创业者，坚持以壮大江苏粮食产业为己任，精心创建"苏粮"系列品牌，集团综合实力在全国同行名列前茅，在激烈的市场竞争中游刃有余。作为苏粮集团的掌门人，他展现给我们的，始终是儒雅的风度和前行者的微笑。

* * *

2016年12月2日，北京21世纪饭店会议厅高朋满座，由《粮油市场报》主办的"2016中国粮油财富论坛"在此隆重举办。当日上午，江苏省粮食集团董事长刘习东做主题演讲，他"面对行业巨变，粮食企业一定要有战略定力，在'粮油主业'上不断改革创新，为粮食产业注入新的活力"的精辟论述，赢得了现场观众的阵阵掌声，引得来自全国上百名企业老总的共鸣和点赞。

36年，一代人成长起来的时间，在江苏省粮食集团董事长刘习东眼里，只是"弹指一挥间"。

"把事业放在心上，把心放在事业上"，是刘习东的座右铭，也是他奋斗在粮食战线的生动写照。36年来，刘习东把一颗炽热的心奉献于粮食事业，几十年如一日地耕耘在广袤的江苏大地上。

江苏省粮食局副局长张生彬评价道，这几年，在刘习东的带领下，苏粮集团发展很快，可以说支撑了江苏粮食产业的"半壁江山"。

/ 用人"洗澡论" /

2013年盛夏时节，笔者曾慕名到南京，与刘习东"面对面"交流。

刘习东毕业于南京粮食学校（现南京财经大学）粮食财会专业。在校期间，他结识了很多志趣相投的朋友，这些朋友在他以后的工作、生活中，在他面临困惑、面对选择时，都给予了很大帮助。

毕业后，刘习东先后进入江苏省粮油议购议销公司、灌云县粮食局工作。在工作之余，他参加了江苏省委党校培训、北京语言大学函授教育、南京大学涉外经理管理等方面的短期学习。

谈到他所从事职业与学习专业并不对口时,刘习东说,成功找到完全对口工作的可能性是微乎其微的,因为各行各业都需要人才。无论从事哪项工作,个人选择虽然很重要,但过硬的专业知识和多方面的学习也是必需的。

忙碌的工作令刘习东没有时间进行脱产学习,但是点点滴滴的再教育始终贯穿他的工作和生活。虽然他经历了辛苦与忙碌,遇到了种种困难,但最终收获了知识的喜悦。对他来说,学习是一种常态。

刘习东不仅自己注重学习,还在苏粮集团内部倡导学习,塑造优秀企业文化。他向全集团干部职工推荐了《用心去工作》《把事情做到最好》两本书,并在扉页亲笔题写"推荐给盼望并致力于公司成长和进步的同志阅读",以此来倡导建设学习型企业,塑造健康向上的企业文化。

谈话中,刘习东还提到了自己的读书笔记,那是他的精神寄托,他时常在上面记录一些心灵的变化。

"虽然本子不会说话,但是翻看的时候却胜过千言万语,因为做任何事情都需要留下自己独立思考的过程。只有学会思考,才能发现自己细微的变化,找到未来的方向。"从科员、县级粮食局局长助理,一路升迁至副总经理、总经理,再到一个省级粮食集团的董事长,这一路升迁,看似平步青云,实则艰辛无比。

对于如何用人,刘习东有一个独特的"洗澡论"。他说,用人就像洗澡,如果提拔过快,洗"热水澡",会"烫"到他;但是洗"冷水澡",只使用不重用,会"冻"着他。因此,最好选择洗"温水澡",把握好水温和火候,水到渠成,这样才能使企业获得和谐、可持续的发展。

"态度决定一切。当一个人改变内心态度的时候,就改变了他们自己的人生。所以,我经常反思自己的处世态度,无论是事业还是自身。敬业、勤奋、开拓、自律、超越一直都是我的座右铭。"刘习东说。

刘习东告诉笔者,苏粮集团目前正在转型升级,从4个方面转变管理方式。一是实施"扁平化"管理模式,对储备粮油企业由三级企业管理改成二级企业管理。二是全面推广"制度+小组"管理方式,实行制度与小组相结合,管和理相分离。三是尝试推行"三控三落实"的管理制度,即围绕防控经营管理风险,实行事前管控,落实"大宗业务集体审核"制度;

实行事中管控，落实"资金集中管理"制度；实行事后管控，落实"业务小结"制度。四是实行"目标管理"，围绕集团公司发展战略和规划，突出"在新的水平上建成行业领军企业和健康企业"总目标，进行目标分解、落实、考核、奖惩。

对于粮油行业如何塑造品牌，刘习东有自己独到的见解："质量铸就企业，品牌创造价值。与其他行业相比，粮油行业的品牌建设存在短板，主要表现在思想解放程度不够、重视程度不够、具体举措不多等。粮食行业应加快实施品牌战略，做到既会干苦活、在数量上挣钱，又会干巧活、在价值上挣钱，通过品牌培育提升产品附加值和经济效益。"

"苏粮集团的品牌创建刚刚起步，今后一段时间，主要围绕推进发展战略，加强'苏粮'企业品牌和'禾为先'产品品牌整合推广，创新营销模式，推进大营销体系建设，提升品牌价值和影响力。"刘习东表示。

/ 打响新"三大战役" /

在苏南，苏粮集团依托长江张家港港口水运优势和国家级保税区的有利条件，利用现有的830米长江岸线和830亩土地，扩建以油脂油料加工、销售、物流为主要特色的张家港粮油产业园，打造全国最大的省级油脂生产、储存、流通基地。刘习东是苏粮集团发展壮大的见证者，更是实践者，经历了艰苦创业的酸甜苦辣，也经历了成功的骄傲和喜悦。如今的苏粮集团，已经跻身、稳居全国同行业第一方阵。

公开资料显示，苏粮集团着力打造江苏特色粮油品牌，重点推出"禾为先"产品品牌，打造了中国驰名商标"苏三零"，省著名商标"苏畅""苏星四季"等优质品牌。粮油保供网络体系和"5+1"粮油产业链逐步完善，苏粮集团成为全省最大的国有粮食企业集团，在全国同类企业集团中名列前茅。

在刘习东的带领下，苏粮集团坚定粮油主业方向不动摇，深化企业改革，扩大企业规模，经营质态和经营效益不断提升，连续多年进入"中国粮油最受尊敬企业""中国十佳粮油集团""中国粮油企业100强""中国粮油百佳企业""中国服务企业500强"行列，同时还是江苏省农业产业化重点龙头企业。

"十二五"期间,苏粮集团累计完成销售收入236.84亿元,实现利润7.02亿元,分别比"十一五"期间增长68.7%和79.1%;到"十二五"末,营业收入达52亿元,净资产达14.5亿元,分别比"十一五"末增长48%和66.1%,各项综合指标均居全国同类企业前列。

2016年,苏粮集团完成销售收入52.2亿元,实现利润1.2亿元,粮食经营量330万吨,粮油物流吞吐量710万吨,主要指标均实现了稳中有升。

苏粮集团的累累硕果,得到了省委、省政府的赞许。时任江苏省副省长的徐鸣、傅自应数次对该集团做出批示。

"思路决定出路"。刘习东说,"十二五"期间,苏粮集团确定了"突出主业、壮大产业、培育品牌、差别发展"的"十六字"发展战略,有效解决了集团内部企业经营方向、经营模式和经营内容的"同质化"问题,使专业特色更加明显。"十三五"以来,苏粮集团调整确立了"突出主业、做强产业、打造核心、融合发展"的新"十六字"发展战略,以实施"五个三"为发展思路,即坚持三个定位、推进三项改革、创新三个模式、优化三个结构、构建三个平台,努力打造比较完备的粮油产业链、具备较强核心竞争力的长江经济带区域大粮商。

"实施大项目带动战略,是加快转型升级、增强保供能力的重要抓手。'十二五'以来,我们多渠道筹集资金,重点建设3个区域性粮油产业园(群)项目。"刘习东如是说。

如今,一场在苏南、苏中、苏北相继开始的"三大战役"已打响,总指挥的重任自然落到了刘习东肩上。

在苏南,产业园扩建和升级等改造项目从2011年开始实施,总投资5.8亿元。

在苏中,拓展泰州沿江粮油产业群。依托所属苏三零面粉有限公司等企业较大的加工能力和辐射能力,在海安新建一个年生产能力30万吨面粉加工项目,利用长江水运优势和优质红小麦产地优势,建设以粮食加工、销售、物流为主要特色的产业群,打造长江中下游省内最大的省级面粉加工、储存、流通基地。

在苏北,一场新的"淮海战役"悄然展开。依托京杭大运河和铁路专用线等交通优势,新建以大豆、玉米、稻谷等粮油品种的采购、交易、加工、物流为特色的粮油产业园,打造区域内有影响的大豆、玉米等紧缺粮食品种"北粮南运"和储存加工基地。

"为保障全省粮食安全,苏粮集团规划建设苏南、苏中、苏北三大粮油产业集群,结合集团所属加工企业,覆盖全省的粮油保供网络体系初步建成。"在2016年中国粮油财富论坛上,刘习东自豪地说,张家港产业园已建和在建油罐容量达45万吨,年压榨大豆达150万吨,年油脂吞吐总量超300万吨,位列全国单体港口第一,可保证全省城乡居民的口油。

特别是在2016年,苏粮集团围绕精品,延伸产业链条又有了"点睛之作"——围绕农业供给侧结构性改革,与省沿海集团合作组建江苏省沿海农业发展有限公司,利用沿海集团围海造田形成的具备生产绿色、生态、有机农产品条件的土地,拟建立40万亩优质农产品基地,生产绿色、生态、有机的优质农产品。

/"戴着老花镜赶路"/

"我是一个戴着老花眼镜匆匆赶路的人。戴老花眼镜,就是用老花镜找亮点,朝着光亮方向前进;匆匆赶路,就是自觉发扬'三创三先'新江苏精神,自加压力,深化改革,主动超越。"刘习东的比喻形象而又生动。

刘习东告诉笔者,自己工作有3个特点,即"简单、执着、兴致"6个字。

"简单",就是对企业、对自己的目标规划简单一点,做到明确、易行。"执着",即选准的方向、既定的事情不能随意改变,可以改变节奏。决策是领导慎重做出的,是经专家和团队反复论证后做出的,若由于种种原因不能预期实现,还是要坚持,因为改变方向的"成本"会很高。"兴致",即把工作变成一种兴趣,把事业当成爱好,当成乐趣。无论是顺境还是逆境,都应当乐观面对,事物是一分为二的,是相对的,没有对错之分。

有人曾问刘习东:这么多年来,激励你前行的动力是什么?"学习榜样,品尝果实。榜样给予精神的力量,果实给予物质的力量,人生需要的东西无外乎这些。"刘习东说。

作为苏粮集团掌门人,他展现给我们的,始终是儒雅的风度和前行者的微笑。

刘延峰：

大荒地中育好米　"三产"融合唱新声

□ 赵瑞华

刘延峰，1971年12月出生，助理工程师，硕士学位，现任吉林省吉林市东福米业有限公司总经理、吉林市昌邑区工商联主席、昌邑区第十七届人大常委，2008年荣获"吉林市劳动模范"称号，2010年荣获"吉林市经济技术创新标兵""吉林市五一劳动奖章"以及"昌邑区突出贡献奖"。

人物语录

◎ 无论做人还是做事，都要保持阳光心态。
◎ 农业产业化就是要做到农民离土不离乡、上楼不离地。
◎ 只有实现了农民梦，才能实现中国梦。
◎ 绿色、有机食品不是认证出来的，而是严格管控出来的。
◎ 农业不能失去传统文化，还必须有超前意识。

> 大荒地中育好米。14年时间,刘延峰的有机、绿色水稻梦已然照进现实。村企合一之后,这一大片绿色更是让大荒地充满了生机。大荒地,不再荒。

***

2014年6月下旬,记者再次来到吉林市昌邑区孤店子镇大荒地村时,眼前的景象让人失忆般地无法勾勒出这个村落以前的样子。

相比两年前,绿油油的稻田依然有规有矩,而坐落于稻田之中的旧村落已经消失,取而代之的是一栋栋崭新的居民楼、新厂区,一个落地窗前稻花香的新型小镇正逐渐显现。

吉林市东福米业有限公司总经理刘延峰,这个粗犷的东北男人讲述了其与东福米业和大荒地村的故事。

/ 绿色起家,有机兴业 /

"十多年来,东福米业一直致力于有机大米产业,现在拥有绿色、有机水稻种植基地7万多亩。"刘延峰介绍说,成立于2003年的东福从小作坊起家,如今已发展成为资产达5.5亿元的国家级农业产业化龙头企业,业务范围涵盖科技研发、水稻种植、农机服务、稻米加工、仓储销售、杂粮生产、土特产加工、玉米烘干、畜禽养殖、生物肥研制、秸秆燃料加工等领域。经过14年的摸爬滚打,东福米业已经成为国内绿色、有机水稻行业的翘楚,并吸引了日本婴幼儿米粉制造企业的关注,成为其大米原料供应商。

刘延峰是土生土长的大荒地村人。20世纪80年代,东北乡村的日子很艰难。由于家庭贫困,初中毕业后,刘延峰选择了打工养家。"我先是在一家企业做工,后来在吉林市孤店子镇水利所做技术员,算是有了一个相对稳定的工作。"此后的12年,刘延峰的日子过得很平稳。直到新千年到来的时候,由于土地化肥、农药的泛滥使用,健康、绿色水稻开始兴起,这让刘延峰和他的大哥看到了商机,随后二人果断辞职下海。

"那时，绿色、有机的概念刚刚在国内炒热，尽管还没有成型的榜样企业，但我们坚定地认为这个行业大有可为，因而一开始东福米业就专注做绿色、有机大米。"刘延峰表示。

/ 厚积薄发，规模升级 /

随着东福米业的不断发展，原有的生产规模已经跟不上企业的发展需求。2013年，刘延峰投资2亿元新建了产能20万吨的新厂。从种植、农机服务、科研操作规程到收储、加工、销售形成了一条完整的产业链。

然而，在东福米业成立之初，谁又能够想到这个东拼西凑的小作坊能够走到今天。

既然要做绿色、有机大米，就要开展订单种植，掌握粮源，同时严格按照"五统一"模式开展种植，那么地从哪儿来呢？刘延峰开始向亲戚朋友求助，让他们种绿色水稻，同时承诺秋后高价回收，还聘请农业专家，制定了严格的种植规程。

起初，大家都不太相信这种全新的农业经营模式。然而一年之后，看到订单种植户的收益，村里沸腾了，东福绿色水稻订单种植有了一个初步的飞跃。2000年上半年，签订了种植订单之后，刘延峰凑了30万元，从家庭作坊式的小加工厂开始了绿色大米加工之路。

东福的绿色大米上市之后，市场反应之热烈令刘延峰更加有信心了。

"当时东北大米的市场价格才每斤一元多一点，而东福的绿色大米市场售价则达到7元／千克，第一批上市了10多万千克大米。"迈出了第一步，就要进一步筹划未来。加大生产量、上马新设备、绿色有机大米认证等一系列问题摆在了刘延峰面前。为了筹措资金，几番周折后，刘延峰仅从中国农业银行申请到50万元贷款，这对于处在停工边缘的东福米业来说可谓及时雨。

2002年，东福米业租下了附近一个国有农场的部分土地，绿色大米订单面积已达100多公顷，销售量也进一步攀高，这更加坚定了刘延峰的决心。2004年，经过3年的土地转化期之后，东福的绿色大米开始逐步转化为有机大米，形成了70公顷有机米园区，并将产品推向市场。之后的10年，东福米业保持稳速发展。

"2002～2007年是东福米业的第一个稳定发展期，我们的步子走得很扎实，也形成了一定的影响力，来自全国各地的客商来到大荒地考察绿色、有机大米的种植。东福在做好一产种植、二产加工的同时，开始考虑发展三产旅游，即观光农业。"刘延峰透露。

/ 村企合一，以企兴村 /

对于东福和大荒地村来说，2010年的大转折，最重要的意义在于村企合一。东福米业将村子里的土地流转过来，而村民则作为农业工人为东福米业服务。采访期间，记者看到不少当地的农业工人在有机稻田里除草、施有机肥。

"我是土生土长的大荒地村人，自己富裕了，想让这些看着我长大的父老乡亲也过上好日子。"刘延峰表示。

刚开始，这种大规模的土地流转还不能为村民所接受，大部分人不愿流转给东福米业。而一年之后，流转土地的村民收入是未流转土地村民的两三倍，很自然的，随后大荒地村村民的所有土地都流转到了东福米业。

目前东福米业的有机认证大米种植面积超过300公顷，绿色大米种植面积达到3500公顷，外围还有1000多公顷的订单优质大米种植区。周边村民的稻田流转费用达到1.3万元/公顷，同时加上国家2500元/公顷的直补费用，纯收益可以达到1.55万元/公顷，同时还实现了离地农户的就近就业，每年人均工资收入也超过3万元。

村企合一之前，大荒地村的外债有40多万元，而现在大荒地村资产已经达到1亿多元，全村3000多口人也都搬进了村子自建的居民楼。

"绿色、有机大米加工产业的支撑是基础。大荒地村没有这个支撑，就没有土地流转的需求，就不会促使农民集中居住，就不会推动城镇化建设。"刘延峰表示。

随着企业不断做强做大，刘延峰希望真正做出新型现代农业的发展模式，同时也实现自己心中一个大爱、至善的梦想，具体来说是要解决当地农民三代人的生活问题。

"针对老年人，我们已经建了2栋、200个房间的老年公寓，每个房间面积在60～80平方米，且都是经过装修的。凡是大荒地村65岁以上的老人都可以免费居住，让老年人老有所依、老有所乐；其次是本地年轻人在土地流转之后就地转化为产业工人，到东福米业上班，解决他们再次收入的问题；再者就是我们在筹谋建设一个九年义务制学校，让当地孩子在家门口就能享受到良好的教育，减轻父母培养学生的压力。此外，大荒地村还计划建设一个医院，解决农民就医难问题。"刘延峰告诉记者。

/ 布局"三产"，以旅兴农 /

2005年前后，随着东福米业品牌影响力的不断增强，全国各地来东福米业参观考察的人络绎不绝。如何依托大米加工产业深入挖掘大荒地村农业资源的潜在价值，成为刘延峰和大荒地村党支部书记刘延东积极思考的问题。

"来东福考察的人，没地方吃饭，没地方住宿，安排来访客人还要返回吉林市区，很麻烦。于是我们开始考虑建宾馆，让来访客商有得看、有得吃、有得住，结合农业带动旅游，将大荒地村打造成一个有机农业观光点。"刘延峰说。

据了解，之所以考虑做观光旅游，还有一个重要原因是大荒地村地下是有温泉的。一个做地质勘探的朋友偶尔透露的这个信息让刘延峰很兴奋，但成本投入需要300多万元，又让刚刚积累了一些资金的刘延峰犹豫了。

"打温泉就像赌博，一旦打不出来，这钱就白扔了。后来公司领导班子经过多次开会研究，终于下定决心开发温泉。如果温泉打不出来，我们的农业观光旅游项目也就不做了。"刘延峰说。

2007年，经过半个月的辛苦钻探之后，第一眼深2000米的温泉出水了，由此东福米业以"神农温泉度假村"为主题的农业观光旅游慢慢成形。

2008年5月，温泉度假村正式开业。

"度假村效益非常好，客人很多，节假日到农村体验田园风光，吃一吃绿色蔬菜和大米，听一听窗外稻田中的蛙鸣。至此，东福米业农业产业化的第一、第二、第三产布局完全形成。"2010年，对于大荒地村以及东福米业来说又是一个大转折。借着新农村建设的东风，土地得以大规模流转，东福米业步入快速发展期。

2011年，大荒地村876户人家、3000多口人，土地流转完之后开始开展农民新居工程。之所以这样考虑，是因为原来居住环境不规整，并且占地面积大，每户宅基地能够换到一套100多平方米的楼房。通过大规模的土地流转，有效的土地指标空出来之后，以东福米业为支撑的大荒地村正在做一个城镇化规划，即将周边村子的农民也集中过来，形成一个典型的城镇化明星小镇。

刘延峰表示，神农温泉小镇的规划已经开始着手，占地150公顷，可容纳3万～5万人，周围以高标准农田围起来。

"我们的城镇化不是城市，还是农村，且永远以农为主，不脱离农业文化，即农民从事的是农业劳动，居住的是城市环境。"刘延峰说。

期间，刘延峰还陪同吉林市规划局的有关专家，在做一个满族风情小镇的规划，计划将特色民俗文化融入农业观光旅游，进一步挖掘农业带动旅游的潜在动力。

/ 一二三产完美融合 /

日推窗棂闻稻香，夜卧锦榻听蛙鸣。连片的水稻田抛却了以往不规则的条条块块儿，统一作业从耕种延伸到加工成米。昔日的村民搬上了楼，农民成了产业工人，置换出来的耕地又被用来开展水稻种植和温泉度假旅游业，一二三产在这里达到了完美的融合。

目前大荒地村80%的年轻人都可以本村就业，从事种植、加工和旅游业。

高端大米加工业成为东福米业三产融合的产业支撑，而品牌建设则是推动一二三产融合、现代农业发展的动力。品牌做得越好，市场就能拓展得更大，销路宽了，反过来又促进土地流转规模的扩大，企业更上一个层次，三产融合、农民增收和离地不离业就不再是个问题。

"2017年，我们要做好三件大事，首先是在销售模式上引入众筹模式，培养忠诚度高的专属会员。其次是在农业科技方面发力，目前已经与吉林市农科院达成全面合作，发挥科研院所的专业优势和东福米业的平台优势，选育自己的专属品种，提升种植环节的科技水平，打造真正的全产业链科技支撑体系，提升大米品质稳定性，降低生产成本。第三就是持续做大的田园文化硬件设施，我们自建的北方农业博物馆将在7月份正式开馆，同时投入20个亿的极地海洋世界也将在4月份开工。"刘延峰介绍说。

在刘延峰看来，东福米业紧密种植区域的不断外延，以及一二三产的互相融合、互相带动，将给东福米业的未来发展带来更广阔的发展空间。

"去年我们举行了'神农稻'开镰仪式，今年我们的农业博物馆也将开业。做这些一方面是通过挖掘我们的文化来促进我们的大米品牌建设，同时，这些文化卖点也能吸引更多的田园文化观光者，进而带动我们大米产品的销售和忠诚客户的培养。下一步，东福还将开展冰雪游项目。"刘延峰信心满满地说。

2017年，刘延峰还有一个已经上路的目标，即东福米业在新三板挂牌，进军资本市场，时间节点在新稻上市的10月。

大荒地中育好米。16年时间，刘延峰的有机、绿色水稻梦已然照进现实。村企合一之后，这一大片绿色更是让大荒地充满了生机。大荒地，不再荒。

龙辉：

浩瀚油茶海里的"淘金女"

□ 胡增民

龙辉，20世纪80年代进入国家花样游泳队，是一名国家健将级运动员；退役后正值改革开放，放弃分配的工作，投身于商海浪潮之中；2014年接手湖南万象生物科技有限公司出任董事长，是万象集团控股公众有限公司创始人、董事局主席，2016年兼任中国林业产业联合会木本油料分会副理事长。

人物语录

◎ 传统的油茶行业转型势在必行。

◎ 做一个油茶行业"敢为天下先"的人。

◎ 人生在世不可碌碌无为，一定要体现自己的人生价值。

◎ 必须以最好最优质的产品回馈社会。

◎ 人生最有意义的是创造价值。

◎ 让每一滴茶油都芳香迷人，让每一个国人都用上优质必需脂肪酸。

如果说运动员生涯给予了龙辉强健的体魄和无尽的荣耀，那么万象集团投资的油茶产业则让她的人生色彩斑斓，意义非凡。"让每一滴茶油都芳香迷人，让每一个国人都用上优质必需脂肪酸"，这是龙辉和万象集团的目标和梦想。

* * *

2017年8月2日，有新"四大火炉"之称的湖南长沙让人觉得进了"蒸笼"，一场大暴雨之后的湘江又恢复了往日的宁静。

湘江中路的长沙万达广场24楼，万象集团控股公众有限公司的办公室内，万象集团控股公众有限公司创始人、董事局主席龙辉侃侃而谈，讲述了自己的故事。

现实中的龙辉颇具传奇色彩，曾经是国家级运动健将，半路出家结缘油茶，打造了由18位博士组成的核心科研团队，专注于从脂肪酸源头改善人类营养健康现状。

/ 半路结下终生"油缘" /

龙辉曾经是一名国家健将级运动员。

做到最好！勇夺第一！这是龙辉在运动员时期培养的人生信念。20世纪80年代，龙辉曾进入国家花样游泳队，为祖国的荣誉而拼搏。当看到国旗伴随着激昂的国歌在比赛场馆升起，付出的青春、泪水和汗水都是值得的。

从国家花样游泳队退役后，正值改革开放时期，龙辉放弃了分配好的工作，投身于商海浪潮之中，开始在商品经济中畅游。

龙辉与油茶结缘源自于一个故事。

衡阳油茶栽培历史悠久，遍及东南西北乡。20世纪80年代，衡阳市被世界粮农组织评为"世界油茶之乡"。在衡阳衡东县有位叫邓泽云的种茶老人，几十年如一日守护着一片广袤的油茶林，辛勤耕耘，并成立了湖南省万象农林生物科技发展有限公司。一位老农做农业企业谈何容易，公司几度濒临破产。

2008～2013年，邓泽云老先生先后多次找到龙辉筹资，龙辉先后借款和投资邓泽云近千万元。2013年年初，邓泽云因病去世，公司经营处于停滞状态。2014年年末，作为公司最大的债权人，龙辉收购了公司100%股权后对公司进行重组。龙辉与油茶的缘分自此开始。

油茶是中国特有的经济林树种之一，是我国在国际市场上具有竞争优势和发展潜力的特色农产品，与油棕、油橄榄和椰子并称为"世界四大木本油料树种"。

接手万象之后，龙辉并没有在家中坐等油茶开花结果，而是脱掉高跟鞋，撸起袖子，一头钻进茶林，开始对基地油茶树进行摸排调研。

龙辉住篷地，喝泉水，从花开如画，到硕果满枝，她抚摸过茶树上斑驳的瘤疤，浅尝过空气中茶花的清甜，深知茶叶伸向蓝天的渴望。凭借运动员那股不屈不挠的精神，她走遍了近2万亩茶林，每亩多少棵茶树，每棵树均产多少都了然于胸，这一手的大数据也为万象发展的标准化、产业化、市场化和信息化奠定了扎实的基础。

"踏遍青山人未老"。通过实地考察，龙辉及公司管理人员对基地油茶品种老化、管理不善、产后储运加工比例太低以及服务体系断裂等现状进行探讨，最终把分散的个体油茶户串成农业产业化链条，并建立相应的管理体制和合理的利益分配原则，形成利益共同体，规模化经营、标准化生产，采用"公司+基地+农户，合同+权证"的模式运作。

在龙辉的主持下，该公司与衡阳6个县23个乡镇的1000多个农户签订了合作合同，相继在湖南省衡东、衡山、衡阳取得了20万亩老山茶油树的垦复权。

/ 油茶海里的"淘金女" /

茶油的物理、化学性质与橄榄油极为相似，与橄榄油相比，茶油皂化物含量更少，具有清香味，是一种比橄榄油更优的保健食用油，有"油中珍品"之称。国际医学界、营养学界欧米伽健康理论奠基人，世界著名的脂肪酸科学家西莫普勒斯博士把中国茶油誉为"世界上最好的食用油"。

随着对油茶的深入了解,加上市面上现有食用油质量良莠不齐,一个梦想渐渐在龙辉心中萌发——要让中国人吃上健康营养的食用油!

追梦的过程并不像想象中一帆风顺,龙辉很快发现诸多问题:油茶林长期粗放经营,产业发展规模小,产量低下,效益不高;行业整体科技含量不高,茶油市场接受度较低;毛油成本较高,普通老百姓吃不起,油茶企业利润较薄;再加上中国人的烹饪习惯喜欢高温热油,食用油所含人体必需营养成分几乎全部流失……这些都是龙辉追梦路上的绊脚石。

"传统的油茶行业转型势在必行。"龙辉决意做一个油茶行业"敢为天下先"的人,她要把油茶的产业链延伸,在油茶里"淘金",从山茶油等天然毛油中提取医学级高纯度(99.9%)油酸或从其他天然脂肪酸中分离和纯化高纯度亚油酸、亚麻酸等技术和产品,实现高纯度天然脂肪酸的工业化量产。

说起来容易做起来难。运动场上磨砺的坚韧意志、正直的性格和崇高的品质都是龙辉转型路上的秘密武器,广泛的人脉资源和良好的信誉更是她丰富的无形资产,这些都是她成功的加速器。

谋事在人,成事在天。万象公司收购了武汉欧米嘉生物医药有限公司,该公司坐落于东湖国家自主创新示范区——武汉国家生物产业基地(即光谷生物城),由湖北中医药大学、武汉大学和武汉工程大学一流的18位博士为核心研发团队和来自科研生产一线的优秀技术团队组建而成。

公司现有实验区面积1500余平方米,在湖北孝感建立了20 000余平方米GMP生产基地,配备有HPLC、GC、GC-MS等大型检测设备和高压工业制备液相、多功能提取罐、分子蒸馏仪、超临界CO_2流体萃取仪、喷雾干燥等先进生产设备,具有吨级天然不饱和脂肪酸类功能成分、天然单体、微囊和纳米乳液的生产能力。该公司的硬件和软件,为龙辉和她的"万象"升腾打下了坚实的根基。

/延伸"大健康"产业链/

"人生在世不可碌碌无为,我把万象当作终生事业,一定要体现我的人生价值。我最引以为傲的是我们的技术和产品，能真正实现'安全＋营养＋健康'的目标。"龙辉说。

对事业的热忱在龙辉身上形成了强大的凝聚力，公司吸引了国内外一大批高精尖人才。用责任和信誉做信仰，科技做支撑，资本做后盾，将不可能变为可能，创造出举世瞩目的成就，这是她和团队的追求，也是他们的使命和愿景。

公司目前拥有核心技术专利4项，湖北省科技进步一等奖1项，专有技术20余项。公司高纯原液代表性核心生产技术包括从茶油中提取医学级高纯度（99.6%）油酸，从亚麻籽油/紫苏籽油中提取高纯亚麻酸，从葵花籽油提取亚油酸，被业界誉为"国际领先，中国第一"。

技术方面，万象产品 ω-3、ω-6类产品纯度均可达到98%以上，多项产品居全球之首，工业生产可操作性强，适合规模化生产，成本较同类产品最高可降低60%。全新的营养油颗粒和纳米口服液，耳目一新的固体营养油和水溶性营养油；ω-3 PUFAs类成分含量高、吸收好、稳定性好，营养价值高于目前市场上同类产品。

高纯原液市场需求量大，高纯油酸已与人福医药集团股份有限公司、南京威尔药业有限公司等国内多家知名药厂和企业签订独家供货协议，高纯棕榈油酸已经与法国IRSEA建立百吨级供货关系，高纯神经酸与湖北劲牌保健酒业有限公司达成战略合作协议，年产值达3亿元。高纯原液可广泛用于医药原料、食品添加原料、化妆品原料、营养补充品配料、特殊医学用途配方食品特殊食品、日化产品和功能食用油油伴侣复合套装。

龙辉以她敏锐的国际视野和多年的商业经验，以农业为源头，以尖端科技为导向，以人才为支撑，成功开发出"农业＋科技＋健康"全产业链系列产品，她将企业的无形资产和有限资源进行整合包装，使无形变有形，通过"产品＋品牌＋资本"的有机结合，最终使之变成有形的优质资产。

/ **"让滴滴茶油芳香迷人"** /

龙辉的日程安排忙碌而密集，作为万象集团控股公众有限公司创始人、董事局主席，她对公司的产品研发、经营管理、人才引入等都亲力亲为。

她说："我们必须以最好、最优质的产品回馈社会。"

在长沙万达广场万象公司的会议室，这位身材娇小的女性匆匆从一个会议现场赶来接受采访，一会儿还要接待暨南大学带来的来自加拿大的合作伙伴。采访的同时，她不时接电话应酬和安排工作。

此时正值万象集团控股公众有限公司伦敦证券交易所上市的冲刺阶段，龙辉介绍，伦敦证券交易所是全球顶级的金融中心，是全球各地企业及投资者通向欧洲走上世界舞台的理想门户，公司必须拿出最优的表现与成绩。

龙辉认为，人生最有意义的是创造价值。资源是有限的，资本也是有限的，只有信誉是无限的，资源和资本只有与无限的信誉结合，才能创造出无限的价值。

万象集团潜心研发的木本草本油中的天然油脂分离与纯化技术，有效延伸了山茶油的深加工价值链，从而可带动中国山茶油全链产业的持续发展，其产业资本发展模式，为解决山茶油生态绿色经济体的产融结合开创了新的途径。万象的发展带动了区域性生物科技的发展，"健康脂肪酸科技"将成为全球区域性个性名片。

如果说运动员生涯给了龙辉强健的体魄和无尽的荣耀，那么万象集团投资的油茶产业则让她的人生色彩斑斓，意义非凡。"让每一滴茶油都芳香迷人，让每一个国人都用上优质必需脂肪酸"，这是龙辉和万象集团的目标和梦想。

龙辉的网名叫"龙行天下"，相信她的事业一定能如日中天，遍行天下！

吕荣伟：

演绎冰城粮贸之道

□ 赵瑞华

吕荣伟，1964年生，毕业于辽宁科技大学，现任哈尔滨粮油贸易公司总经理、党委书记，中国青年企业家协会会员，中国粮食商业协会常务理事，哈尔滨市粮食行业协会副会长，中国植物油行业协会理事，黑龙江省青年商会常务理事；曾荣获2005年、2007年省"青年优秀企业家"称号、黑龙江省粮食系统劳动模范等。

人物语录

◎ 人气决定士气，士气决定收益。
◎ 大家的粮贸情结更容易让大家齐心协力。
◎ 没有粮源在手，终归只能是个粮贩子。
◎ 敢于将全部身家投进去，得益于哈粮贸整个团队的支持。
◎ 企业最大的资产就是人的能动性。
◎ 好的品质，通过好的品牌体现出来。

从最初哈尔滨市粮油贸易公司的调拨员，到哈尔滨粮油贸易有限公司的"当家人"，25年的粮贸人生，吕荣伟带领团队不断开拓新业务，攀越了一个又一个高峰，最终完成了冰城粮贸产业的完美演变。

＊＊＊

从大学毕业进入哈尔滨市粮油贸易公司做调拨员，到不满36周岁出任哈尔滨市粮油贸易公司总经理，吕荣伟完成了其人生最瑰丽的蜕变。

如今，吕荣伟正带领着哈尔滨粮油贸易公司，肩负着经济效益和社会效益的双重责任，打造着自己的放心粮油"哈粮"品牌；坚持在国内和国际两块粮食贸易阵地上前行，继续发展储备粮与经营粮食产业链前端的贸易粮。

/"入错行"的工科生/

俗话说，女怕嫁错郎，男怕入错行。吕荣伟大学期间学的是工科，1986年毕业后却进入了哈尔滨粮油贸易公司。在他看来，从工科跨越到粮食行业，多少有点阴差阳错的感觉。

民间有这样一个说法，1964年生人属龙，系佛灯火命，食丰足。食者，粮食也，从这一点来看，吕荣伟踏入粮食行业似乎是有迹可循的。

说起20世纪80年代末的哈尔滨粮油贸易公司，吕荣伟的话语中流露出感慨："1986年到1992年，单位处于一个相对辉煌的阶段，当时年利润达700多万元，职工500多人，同时下面还有多个经营部，这段时间可以说是哈粮贸最好的日子。"刚进入哈尔滨粮油贸易公司，吕荣伟被分配到销售科做调拨员，销售科负责的是哈尔滨市场粮食销售的调剂工作。"现在来说叫配送，将粮油配送到各个粮店。"吕荣伟幽默地调侃道。

调拨员的工作一干就是4年。

1991年春节过后，吕荣伟被公司党委委派到道外区的一个经营部做副经理，主抓经营工作。半年之后，前任经理调任其他工作，吕荣伟开始全面主抓经营部的工作。

"当时，很多经营部逐渐开始走下坡路，市场逐渐放开，平价粮店的政策优势已经没有了，经营上很困难。"吕荣伟说。

1992年12月17日，时任道外经营部经理的吕荣伟再次调岗，被调到动力区的一个经营部做经理。一年后，考虑到当时的成品粮食市场已经不行了，再无做深的空间，哈尔滨粮油贸易公司开始将目光瞄准原粮购销贸易。

"当时的粮食很多，但铁路运输是一个大问题，谁手里有车皮，谁就有主动权。1993年，在朋友的帮助下，哈粮贸和铁路分局的铁华公司达成合作协议，这标志着哈粮贸由成品粮销售开始转向原粮大宗贸易。"吕荣伟说。

1994年1月27日，吕荣伟从动力经营部调到公司直属第二经销部做经理。接手工作的当天，吕荣伟就马上利用与铁华公司合作的运输优势，以及南方的朋友资源开展粮食贸易工作。

"这段时间经历了很多艰辛，但是好在当时我们的团队非常好，9个人齐心协力、同甘共苦去开拓市场。"吕荣伟说。

从第一笔豆粕生意开始，到1999年4月7日升任哈尔滨粮油贸易公司的副总，吕荣伟在直属二部待了整整6年。

"这6年，是我积累经营管理经验的一个非常重要的时期，也是自我沉淀的一个时期。"吕荣伟说，"从饲料粮的供应、成品粮贸易，再到玉米贸易，经营范围一直在逐步扩大。"

/ 低谷带出的"当家人" /

在担任哈尔滨粮油贸易公司副总经理一年多的时间里，面对公司经营上打不开局面的现实状况，吕荣伟首先做的就是全力以赴搞经营，想方设法为企业生存去赚取效益。与此同时，努力激发团队士气，戮力同心地将企业从低谷中带出。

用吕荣伟的话说，当时企业的账面资金很少，不赚钱就无法生存，不在经营上打开局面的话没法提振士气。

"人气决定士气，士气决定收益；就像打仗一样，一个胜仗打下来，气势上来了，那就一个胜仗接着一个胜仗，通过做买卖挣钱来带动职工的精气神儿，正所谓一份精气一份财嘛。"吕荣伟自信地说道。

在企业经营业务的开拓上，困难不少，让人记忆犹新的回忆也很多。吕荣伟饶有兴趣地说："1999年，哈粮贸有一批豆粕卖给成都正大，我和公司赵科长一块儿到成都去做结算，没想到的是，到了成都之后市场豆粕掉价了，这就肯定不能卖了，只好存放在自家粮库等价格回涨。刚到成都的时候，因为饭量大，我俩每顿吃三份炒牛河，结果，20多天之后，我俩只能合吃一份了。"幸运的是，到了当年5月份，豆粕价格涨起来了，吕荣伟再次前往成都，把存在粮库的豆粕都卖掉。"这次我们又能吃上三份炒牛河，还外加一瓶啤酒。"说完之后，吕荣伟爽朗地笑了。

在遭遇挫折时，吕荣伟总是苦中作乐，用这份乐观精神面对所有挑战。

除了经营之外，吕荣伟的第二个工作重点就是抓清欠。从1991年企业开始转轨到1996年，哈尔滨粮油贸易公司的总额贷款将近2900万元，形成了很多不良债务，整个欠款达到1000多万元。职工要吃饭，企业要发展，必须要清理不良债务。

2000年8月7日，前任经理退休，经过哈尔滨市粮食局考核，不满36周岁的吕荣伟在公司最低谷的日子正式成为哈粮贸的总经理兼党委书记。

"我上任的时候，粮食局审计结果表明，当时哈尔滨粮油贸易公司的账面资金是113万元，而当时哈粮贸每年的费用是将近200万元，这些钱可能只够我们活半年。"谈起当时的窘况，吕荣伟脸上闪过一丝苦笑。

"虽然压力特别大，但是没什么害怕的感觉，就觉得这个事儿我一定能干好，而且必须要干好，心中充满战胜困难的力量，有股子'初生牛犊不怕虎'的气势。"吕荣伟表示。

/闪展腾挪的"贸易商"/

"1996~2000年，全国粮食大丰收，粮食市场也在转轨过程中，市场流通不好，粮食库存量非常大，仅黑龙江积攒的粮食库存就达到4600万吨，大批的粮食进入拍卖市场。"吕荣伟觉得，这对哈尔滨粮油贸易公司来说是一个非常好的机会，以小搏大成为一种现实。

"60元保证金就可以拍到1吨粮食，3个月之内交全款，只要3个月内能转手卖出，就等于拿60元买粮。"吕荣伟兴奋地说道。

2002年2月2日，哈尔滨粮油贸易公司以001号的身份在金谷大厦的黑龙江粮食批发市场整整待了4天，从早上拍到晚上10点，最后拍了3万吨玉米、2万吨大豆。

5万吨的粮食需要300万元的保证金，于是，吕荣伟就以10%的回报发动员工集资了100多万元，再加上公司账面上可用的200多万元，倾家荡产地把全部资金都压了上去。这一刻，他像极了一个赌徒。

这次拍卖，吕荣伟用300多万元的保证金，挣回了300多万元，哈尔滨粮油贸易公司的经济基础和职工士气一下子得到了根本性的改变。

"总的来说，这是一场翻身仗，具有十分辉煌的意义，对哈粮贸公司以后的发展起到了一个决定性的作用，自此之后，公司由低谷、破产经营转向了正常经营。"说这话的时候，吕荣伟略显放松。

"当时敢于将全部身家投进去，也得益于哈粮贸整个团队的支持，大家都是粮食行业的老职工，既见证了行业的颓势，也看到了未来的希望。"吕荣伟说，"如果当时没有整个领导班子和全体员工的支持，我也很难下如此大的决心。"到了2004年，粮食行业内不少人都开始接触粮食拍卖，买的人多了，开始抢了，同时国家在政策上也开始收紧了，在拍卖市场摸爬滚打3年的吕荣伟开始淡出，因为另一个更好的机会出现在眼前。

"2002年7月，在长春召开的中国粮食商业协会会议上，我有幸结识了中粮贸的副总经理矫琳。"吕荣伟说，"我们与中国粮食贸易公司的合作也是从这一刻开始的。"随后的考察中，吕荣伟陪同中粮贸的领导陆续走访了建三江、佳木斯以及哈尔滨周边地区，重点考察了宾县、阿城地区自发形成的粮食交易市场，也就是收粮点。

2002年9月23日，哈尔滨粮油贸易公司与中国粮食贸易公司开始了与央企的第一次合作：签订3000吨大豆的购销合同。

合作中，哈粮贸给中粮贸留下了很深的印象，双方的合作由此一发而不可收，哈尔滨粮油贸易公司转型成为中粮贸的原粮供应商，开创了哈粮贸发展的一个新纪元。

此后，哈尔滨粮贸定位于做中粮产业链经营的前端，从哈尔滨收购、加工、仓储，运到港口，接下来的市场交给中粮。"从2002年开始，哈尔滨粮油贸易公司与中粮集团的粮食购销操作量越来越大，2009年哈粮贸的销售额超过1亿元，达到了公司发展的一个新峰值。"吕荣伟表示。

/不断求变的"追赶者"/

"直到现在，哈粮贸仍然是行业的追赶者，我们只有不断地求变，才能更好地迎接未来的挑战。"吕荣伟说。

随着行业形势的不断转变，吕荣伟和哈尔滨粮油贸易公司的领导班子也在筹谋哈粮贸的发展方向：一方面做粮食产业链前端的贸易粮，另一方面也在储备粮的经营上继续发力。

贸易粮方面，哈粮贸踏实做好粮食产业链的前端，充分发挥地处产区的优势，在做好大型粮企原粮供应商的同时，着力实现农民增收、企业增效的根本目标。

在储备粮的经营上，哈粮贸利用公司现有太平粮库的优势，努力搞好粮库建设。

在吕荣伟看来，现在的哈粮贸算是正式步入正常经营阶段，经营上比较稳固，具备了一定的抗风险能力。

与此同时，哈尔滨粮油贸易公司在哈尔滨市粮食局的牵头主持下控股哈尔滨市放心粮油经销有限公司，通过"放心粮油进社区"的惠民工程开拓自己新的业务单元，在经济效益和社会效益并重的前提下打造"哈粮"品牌。

目前，哈尔滨粮油贸易公司下属的哈尔滨放心粮油经销有限公司已经在哈尔滨市设立多家门店，将大米、杂粮、食用油等多个经过严格检测、带有"身份证"的放心粮油送入社区，送到百姓身边。

"一个中心，三个单元，类似事业部制业务模块设计是哈尔滨粮油贸易公司为自己设计的未来发展方向。"吕荣伟表示。

一个中心，即公司本部，起到管理和监督功能；三个单元分别是公司直属的太平粮库、沈家贸易基地和放心粮油工程。通过三个业务单元的互相配合，不断推进哈尔滨粮油贸易公司的发展。

目前，哈粮贸已拥有道外、方正和五常3个共计6万亩的水稻生产基地，年产商品稻4万吨左右，所生产的大米、杂粮和豆油等产品除通过放心粮油连锁店满足哈尔滨市本地需求外，还打入了西安、连云港等外埠市场，形成了基地、加工企业、品牌和市场全覆盖的发展模式。

在谋求经营商的方向转变之外，哈粮贸在团队建设方面的变化也让吕荣伟欣喜不已：虽然公司整个团队平均年龄较大，但这些经历过很多风风雨雨的老员工现在也随着公司的发展在不断地转变。

10月份举行的哈尔滨市粮食购销洽谈会上，应哈粮贸之约到达哈尔滨的外地客户接近百人，哈粮贸的接待团队也给很多外地客户留下了深刻的印象。

"我们的团队建设以精神动力为主、物质刺激为辅，哈粮贸的职工工资在本地粮食行业中处于中游，但是大家的粮贸情结更容易让大家齐心协力地去做好每一件事，形成了企业的荣誉感。"吕荣伟愉悦地说道。

2013年12月2日，刚刚结束党校学习的吕荣伟，来到移址新建的哈尔滨三棵树粮库，守着新建的5栋粮库开始自己的二次创业。到岗20天之后，12月23日三棵树粮库开始收粮，装满刚刚建成的5.5万吨仓容。

随后的3年间，边建设、边收粮成为常态。迄今为止，三棵树粮库已经建成20万吨有效仓容，成为哈尔滨周边较大的粮库之一。

2016～2017年，三棵树粮库承担了部分水稻最低价收购和玉米一次性储备收购的指标。但随着粮食价格形成机制改革的推进，吕荣伟和三棵树粮库面临市场化到来的又一次挑战。

吕荣伟表示，面对未来的市场，三棵树粮库还是要充分发挥自己库容大、基础好、管理水平高的仓储资源优势和优越的区位优势，为产业链上下游主体提供优质的仓储服务，同时在经营机制和管理机制上深化改革，提升企业职工的内在动能，更好地迎接腾挪空间更大的市场化时代。

"回顾我所经历过的国内粮食流通30年的历史，是为了看清未来30年的路径。"说完了过去和未来，吕荣伟不无感慨地说。

梅心乐：

以良心攀登精深加工之峰

□ 陈亮　付嘉鹏

梅心乐，1952年出生，湖北省襄阳市襄城区欧庙镇人，现任襄阳市粮食行业协会会长、襄阳乐峰粮油有限公司董事长、襄阳乐峰粮油有限公司党支部书记。

人物语录

◎ 以贸易促进实业，以实业夯实贸易。
◎ 没有事业的人生是不完美的。
◎ 以德服人，吃亏是福。
◎ 粮食事业要靠良心去做。
◎ 思路决定出路，脑子决定腿子；思想来自于实践，又指导实践。

"'粮'是'米'和'良','食'是'人'和'良',说明做粮食事业,一是'米'要好,二是做人要善良。没有这两条,粮食行业是做不下去的。"梅心乐对"粮食"的理解,甚是精辟。

* * *

湖北襄阳,一江秀水,赢得万里好风光,外揽山水之秀,内得人文之胜,聚集山水精华,孕育了优质的稻谷和小麦资源。2008年,在这片肥沃的土地上,襄阳乐峰粮油有限公司应运而生。

在乐峰粮油位于襄阳市襄州区双沟镇农副产品加工园的总部办公室内,记者见到了梅心乐。已过耳顺之年的他,已在粮食行业摸爬滚打30多年,见证了我国粮食行业发展的整个过程。作为"过来人",梅心乐谈及粮食,总能一语中的,切中要害。

谈话之余,记者注意到梅心乐所在的这间办公室,宽大明净,典雅庄重,书香四溢,墙壁上挂着多幅文人骚客的名作。在这个古色古香的办公室内,通过近两个小时的交流,记者看到了一个更真实、更立体的梅心乐:性格温柔敦厚,外表风度翩翩;做事讲究方法,注重规范正式;做人讲良心,低调无悔;创业追求完美,敢于超越。

/4年休整再出发/

1986年,梅心乐当选为襄阳市襄城区欧庙镇杨集村生产队长,这是他人生中第一次接触管理工作。1990年,他又当选为村支部副书记。

"从分田到户,从计划经济过渡到市场经济,无论是管理技巧,还是为人处世的方式方法,这段经历让我收获了很多。"谈起这十多年的基层工作经历,梅心乐心存感激。

20世纪90年代,国家支持地方政府兴办乡镇企业。为响应国家号召,梅心乐所在的杨集村成立杨集农贸公司,主要经营农资,梅心乐调任该企业,负责全面的经营管理工作。这次是他第一次走进企业,成为一个企业管理者。

功夫不负有心人。在梅心乐的精心经营和细心管理之下，农贸公司业绩逐年提升，成为当地及周边的明星企业，梅心乐也小有名气。为了扩大业务范围，1995年，在梅心乐的主持下，农贸公司成立了襄阳心乐粮油购销部，开始涉足粮食贸易。得益于十多年的农村基层经验以及地方政府的支持，梅心乐的粮食贸易做得有声有色。

1996年，国家出台不允许政府机构开办公司政策，乐峰从此独立出来。"1999年，国家出台粮食流通体制改革政策，不允许民营企业经营粮食，公司受到冲击，基本上陷入瘫痪，2000年经营活动全部停止，而这一停就是4年多。"梅心乐回忆道。

事情总是两面的。正是这4年的停业，给了梅心乐更多的休息和调整时间。由于割舍不下与粮食行业的缘分，更是缘于骨子里那股不服输的劲头，2005年，梅心乐来到襄阳，开始了新一轮的打拼。

/ 人格魅力成就自我 /

一部改革开放的历史就是无数企业成长腾飞的历史。几十年来，梅心乐从一个普普通通的粮油贸易商，成长为一个大型粮油企业的掌舵手，从投身粮食贸易开始，自经手第一笔生意，到近些年在粮油行业的快速成长，再到后来从事大米加工，其发展里程可谓百转千回，丰富多彩。

回顾创业史，梅心乐认为这是一个循序渐进、水到渠成的过程。而在外人看来，他之所以能不断化解困难，并有如此快速的发展，其诚实可信、讲义气的人格魅力功不可没。

从当选村生产队长，到后来成功当选村支部副书记，再到调任农贸公司总经理，这其中，梅心乐的人格魅力给每一位与他接触过的人都留下了深刻印象，其儿子梅立峰更是深有感触。

"我找不出什么华丽的词汇来描述我的父亲，因为那些华丽的词不适合他。他只是一个朴实、讲信誉、宁愿自己吃亏也不让别人蒙受损失的平凡人。"梅立峰这样描述父亲。

独特的人格魅力不仅让梅心乐在管理中得心应手，在公司经营困难时，更是给予了他希望。最让他难忘的是2005年只身闯襄阳的经历。

"当年，我来到襄阳，除了一个电话本和一部手机，身无分文，但我最终还是在这里成功立足。"谈及过往，梅心乐没有多说，这其中的艰辛只有他自己知道。

而让梅心乐成功度过这次危机的，就是他口袋里的那个电话本，电话本中的每个名字和电话都记载着他们之间的深情厚谊。从工作的第一天开始，梅心乐就以诚实守信、讲义气要求自己，因此在业务中，他积累了众多客户资源，并成为朋友。

"他们是我一生中重要的财富。"梅心乐说。

坚守着，努力着，终得回报。经过3年多的艰辛打拼，随着资金、客户资源、经营环境等条件的逐步成熟，2008年10月10日，襄阳乐峰粮油有限公司正式成立，梅心乐东方再起，二度成功跻身粮食贸易行业，并且这次的规模更大，前景也更加广阔。

"目前，我们公司的资产已突破亿元，成为襄阳市规模最大的大米加工厂，基地也具备了一个完整的、全面的网络体系，如今已超额完成了第一个5年计划。"谈到乐峰公司的发展规模和速度，梅心乐这样告诉记者。

交谈中，梅心乐的电话响个不停，有客户咨询业务的，也有下属汇报工作的。每天，梅心乐都是在这样繁忙的工作中度过，而他似乎也很享受这种状态。

/ 超额完成"5年计划" /

如今，乐峰粮油在全体"乐峰人"的拼搏努力下，已发展成为一家集订单种植、粮油收购、储备、进出口贸易和粮油精深加工的专业化、规模化、现代化的粮油大公司，公司下辖陈湾粮库、白集粮库、姜沟粮库、双沟农产品工业园库、群益丰农作物种植专业合作社、湖北乐峰农业科技股份有限公司、襄阳乐峰物流有限公司、市场部、车队等9个单位，成功跻身湖北省农业产业化重点龙头企业行列。

"在我们的'一五'规划中，公司总资产到2013年突破千万元，而目前乐峰总资产已经过亿元，超额完成了计划。如今，我们正在为实现第二个五年计划奋斗着。"梅心乐表示。

乐峰粮油近几年来的发展着实如其所说。为将企业做大做强，增强核心竞争力，通过多次调研考察，在2014年初，乐峰粮油投巨资4000万元，建设了两条年产20万吨的自动化大米生产线，使公司年大米加工能力达到30万吨，一举成为鄂西北地区最大的大米生产加工企业。公司生产的"乐峰"牌特级香米、系列标准大米远销云南、贵州、四川、陕西、山西等17个省，并成功打入茅台、五粮液、泸州老窖等国内酒类名企；公司被认定为中储粮粮源单位、湖北省军粮供应定点厂家、湖北省粮食应急生产厂家以及襄阳市中小学生大专院校粮食定点生产厂家。

作为湖北省农业产业化重点龙头企业，乐峰不仅在粮油贸易、大米加工上大做文章，还将触角延伸到农副产品精深加工上。

目前，乐峰粮油已进驻襄州农副产品精深加工产业园（国家级），计划投资3亿元，建一条以稻米糠（皮）为原料的系列产品生产线，包括日产120吨优质稻米食用油生产线，及从米糠粕、精炼油脚中进一步提取附加值极高的糠蜡、脂肪酸、谷维素、维生素E、植酸、脑磷脂、卵磷脂、肌醇等产品的精细生产线；建一条年加工20万吨以玉米为原料的综合产品生产线，其中包括日产600吨玉米烘干塔，干燥后的玉米再加工成玉米胚芽食用油、玉米米粒（杂粮米）、玉米蛋白等；建一条日产400吨小麦粉生产线和一条日产900吨复合饲料生产线。这些项目的建成，将形成粮食加工及其副产品综合利用的完整产业链。届时，公司总资产将达3.5亿元，实现年销售收入20亿元，新增就业人数300余人，年创利税3亿元。

梅心乐认为，不搞转化加工，农民就永远得不到实惠，粮食企业也永远是微利经营。而实现粮食的规模化生产后，下一步就是向国际化、现代化、规模化迈进，最终打造成叫得响的全国性粮食品牌。

"公司名称取自我和儿子两个人的名字，这个名称蕴含了我的一个心愿——用两代人的时间把公司打造成粮食行业内的'航空母舰'。"梅心乐告诉记者，"乐峰"是企业精神的浓缩，即"乐于奉献，勇攀高峰"。

苗三福：

做一个合格的中国农民

□ 胡增民

苗三福，河南滑县王庄镇沙店村人，已步入花甲之年；早年长期在滑县粮食部门工作，当过乡镇粮管所的化验员、主管会计，任滑县国家粮食储备库主任多年；2007年来到郑州西泰山闯荡，创办了龙福山庄，任河南龙福生态农业有限公司董事长。

人物语录

◎ 我是一个农民，我的人生目标是做一个合格的中国农民，合格农民就是"务农、知农、爱农、富农、良农、立农"十二个字。

◎ 不能让农民一辈子受穷，要通过自身的努力，影响和带动更多的农民腰包鼓起来。

◎ 良心比天大，民以食为天；良心比天大，产品鉴人品。

◎ 用坚守和行动，打造更多的绿色食品，为更多的人送去健康，送去快乐。

◎ 铸诚信品牌，创百年企业，寻找失落的农耕文明。

> 十年磨一剑。龙福山庄从10年前的一片荒山秃岭，
> 到一个充满田园气息的生态园区，宛如一幅美丽的画卷，
> 苗三福说，自己只是在做一个合格的中国农民。

* * *

位于河南省郑州市西南约10公里处，有一座风景迷人、秀丽奇美的历史文化名山——西泰山。西泰山以它独特的千古神韵和厚重的黄帝文化而独步天下。五千年前，这里是轩辕黄帝的军事基地和政治中心。

凭借悠久的历史和厚重的炎黄文化，河南龙福生态农业有限公司于2007年在此落地生根，而催生其从种子发芽到幼苗，再到参天大树的，是该公司董事长苗三福。

/ 不了的农耕情结 /

"我是一个农民，我的人生目标是做一个合格的中国农民。"这是2016年10月，苗三福在国家农业部组织的一次研讨会上发言的开场白。

踏入商海之前，苗三福长期在滑县粮食部门工作，当过粮管所的化验员、主管会计，还任职滑县国家粮食储备库主任多年。

滑县国家粮食储备库地处与长垣、封丘、延津交界的牛屯镇鸭固村，距离县城50公里，地理位置偏僻，但苗三福把储备库治理得风生水起，每年年度综合考核都名列全县30多个粮食企业榜首。

苗三福出生在农村，长期和农业、农村、农民打交道，对农耕文化有着特殊的情结。2007年，经朋友引荐，他来到西泰山创办了龙福山庄，在这里一干就是10年。

"我国是一个拥有14亿人口的农业大国，有着近10亿的农民，什么是合格的农民，一个合格农民的标准是什么？"苗三福在接受《粮油市场报》记者采访时说，"我自己制定了一个标准，就是'务农、知农、爱农、富农、良农、立农'十二个字。"

苗三福告诉记者，作为一个农民，必须实实在在地务农，随着国民经

济结构的调整和供给侧改革，一部分人在农村圈置了大量的土地，但不是用来务农，一些人是在等待土地涨价，然后转卖，一些人是在等着套取国家农业政策补贴，还有些人是用来做商业开发，这些人都不能称为一个合格的中国农民。

什么叫知农？那就是作为一个农民，一个农业的经营者，必须了解和掌握一定的农业科技，如果你连最基本的二十四节气都说不清楚，更不要说那些高深的农业科学技术了。

"作为一个农民，从选择了农业这个行业那天起，你就要一辈子爱它，一辈子和它不离不弃，一辈子为它去坚守，不能经不起社会上的任何诱惑。不能今天搞金融挣钱你去搞金融，明天互联网赚钱你去搞互联网，后天做地产开发赚钱你去搞地产开发。"苗三福表示，自己要一辈子为这份坚守去坚持去努力，一辈子以身相许，以心相许，直至终老。要通过坚守和努力，让家人和团队富裕起来，并且影响和带动更多的农民腰包鼓起来。

"立农就是通过我们的坚守，通过我们的努力，把农村、农民和农业的杆立起来。"苗三福如是说。

/"良心比天大"/

"追本溯源，回顾一下我们祖先在造字的时候，高度概括农业产品的只有'粮食'两个字。"苗三福说，这两个字我们上小学的时候都认识都会写，但是今天要重新认识一下。

苗三福说，"粮"一边是"米"，"米"代表大米、小米、高粱米、花生米，这些统称为"米"。其实单独说"粮"就有一个"米"字就可以了，但是祖先为什么造字时在"米"右边加了"良"字呢？这个"良"是指"良心"，"粮食"是用良心种出来的。"食"是指人吃饭，为什么要把"人"字下面加一个"良"呢？老祖先是在告诉我们"民以食为天，良心比天大"！

事实胜于雄辩。苗三福始终坚守一个理念：良心比天大，产品鉴人品。他给自己定了一个目标，要用自己的坚守和行动，打造更多的绿色食品，为更多的人送去健康，送去快乐。

"我们做了十年酒，没有碰过一滴加'精'的东西。三精加一水是合法合规的白酒，国家允许使用酒精加上香精做酒，但我们做出的每一款酒都是原浆原味。"苗三福拍着胸脯打包票。

"我们用酒糟喂养的土猪，猪肉用白水煮不加任何佐料，甚至连盐都不用放，你都能吃饱，且越嚼越香，因为它是原味的，没有任何腥味、骚味、膻味；我们自己做的豆腐、粉条，每一款产品都在用良心做。"苗三福说，"我们做餐饮的没有用过任何成'精'的调味品，如汤精、酒精、味精、香精等，我们只用有机食材。"

/ 寻找失落的农耕文明 /

社会的进步，经济的发展，给人类带来了无尽的财富。然而随着人类对生存环境的极度破坏，诸如水污染、空气污染、食品污染等，严重影响了国人的身心健康。深思熟虑之后，一个宏伟理想在苗三福的创业蓝图上逐步显现出来。

走进龙福山庄，只见这里游人如织，既有以家庭为单位的"山水游"，也有前来品尝地锅美食的情侣，特别是成群结队身穿迷彩服拓展训练的男女，更成了一道亮丽的风景。苗三福说，龙福山庄平均每天接待游客在千人左右。

龙福山庄充分利用西泰山独有的地理资源优势，传承悠久的西泰山酿酒文化，推出了一系列以龙文化与福文化为主题的纯粮原浆酒。山庄主打品牌泰山村、豫龙福酒采用优质高粱、玉米、大米、糯米、小麦5种原料，层层筛选，取地下400米深层的天然矿泉水，精工酿造。酒香浓郁的百年古窖中，忍受漫长的时光洗涤，在纯手工的作坊里，装甑、踩窖……经受上千次的提炼，在酒香缭绕的酒坊里看到白酒的酿造过程。

铸诚信品牌，创百年企业，寻找失落的农耕文明是龙福山庄永远的企业理念。当诸多企业为了利润道德失守、良心溃丧的时候，龙福山庄却在为打造无公害食品，让人们吃得安全、吃得健康而不懈奋斗。

"山庄用的土猪肉，采用本公司酒厂蒸酒后的酒糟喂养，生长期均在一年以上。由于酒糟中含有丰富的蛋白质和多种微量元素、维生素、赖氨酸、蛋氨酸、色氨酸等活性物质，所以猪肉肉质好、纤维细、色泽鲜，有韧性，香而不腻；石磨豆腐采用优质大豆为原料，用石磨磨浆，老浆卤制，符合绿色、健康、长寿的生活理念；手工红薯粉条采用当季的鲜红薯榨成淀粉，用传统工艺手工制作，无任何食品添加剂、食用胶等。"苗三福如数家珍。

投之以桃，报之以李。河南龙福生态农业有限公司先后被郑州大学、河南民生学院等大专院校，明确为大学生社会实践基地；被河南省人民政府发展研究中心指定为决策探索工作指导委员会委员单位。公司生产的豫龙福原浆酒被CCTV央视网评选并授权为可信任品牌，2016年被国家旅游局评为"首届中国乡村旅游金牌农家乐"，同年12月被评为"全国休闲农业四星级农庄"，2017年1月被商务部评为"AAA级信用企业"。

在苗三福的主导下，2016年龙福公司已经在河南中原股交所成功上市。目前，龙福山庄作为河南流量最大的拓展训练管理基地，率先实践落地了"三网合一"项目，即微信端、手机端、PC电脑端，首创了O2O庄园智能终端大数据平台，名副其实地填充了农业软实力对于资本市场的高黏性消费值的评估基础。

十年磨一剑。龙福山庄从10年前的一片荒山秃岭，到一个充满田园气息的生态园区，宛如一幅美丽的画卷，苗三福说，自己只是在做一个合格的中国农民。

倪学猛：

书写"深圳速度"的粮油传奇

□ 胡增民　邵玉田

倪学猛，江苏盐城市人，20岁加入中国共产党，在基础粮管所做过总账会计、副所长，26岁担任正职，成为当时区域内粮食企业最年轻的法人代表，2010年起担任盐城市禾丰粮油储备有限公司董事长兼总经理。

人物语录

◎ 百年大计，容不得一丝一毫的疏忽和懈怠。
◎ 白手起家，利于"负重前行"。
◎ 在"一张白纸"上，想要画出最新最美的图画，则需"戮力破难"。
◎ 看准的事不光是说在嘴上，而是一定说到做到。
◎ 其身正，不令而行；其身不正，虽令不行。

倪学猛是一个始终保持着朝气蓬勃、昂扬向上、浩然正气的人。他创造了当年建设、当年运营、当年收效的"禾丰速度"。凭着他的智慧，2016年禾丰公司年购销量近30万吨，实现销售收入3.5亿元，创利税700万元，在全市同行业中保持前列，企业连续三年荣登"中国粮油榜"，本人荣获中国十佳粮油创业风云人物和盐城市劳动模范。

* * *

从宁盐高速张庄出口下来，远远看去，一排排高大的平房仓、高高耸立的浅圆仓映入眼帘。白色的墙体，辅以灰色钢架，像一道道线条勾勒出来的一幅巨大的水墨丹青。视线的尽头，河边的泊位码头，塔吊和卷扬机一字排开，忙碌有序，这就是江苏盐城市禾丰粮油储备有限公司。

刚刚进入天命之年的倪学猛，是这个公司的"掌门人"。就是他，6年前在这片杂草横生的荒地、坟地、草地间，创造了当年建设、当年运营、当年收效的"禾丰速度"。凭着他的智慧，禾丰公司在短短几年时间内，从一个新成立的企业，发展成为全市行业的排头兵，荣获"江苏省文明单位""江苏省产业化重点龙头企业""国家安全二级标准化企业"称号。

他在苏北大地书写着一幕幕粮油传奇诗篇。

/ 一步一个脚印 /

凡接触过倪学猛的人，都可以从他的身上发现，他是一个始终保持着朝气蓬勃、昂扬向上、浩然正气的人。

2007年7月，山西太原，笔者在全国放心粮油进农村、进社区现场会上，偶遇时任盐都区粮食购销总公司副总经理的倪学猛，虽一口盐城方言，但笔者被他的热情、激情深深打动了。

20世纪80年代初，青春年少的倪学猛从校门踏入粮食系统大门，从农村粮管所一个普通员工做起，从最底层的工作做起。20岁时，他以踏踏实实的作风、实实在在的成绩和乐于奉献的精神被发展入党。之后，他做过总账会计、副所长，26岁担任正职，成为当时粮食系统企业最年轻的法人代表。

来禾丰之前，倪学猛先后在盐都好几个粮管所工作过。说来也巧，几乎他所到过的粮管所，去之前都处于亏损状态，而他总能"妙手回春"。在学富粮管所5年，去时亏损，他离开时则盈余300万元纯利；去伍佑粮管所之前，所里资不抵贷，连职工工资都发不出，他临危受命，与全所员工一起，通过4年的打拼，由亏转盈，账面余额达100多万元，被评为全区标兵单位。

2010年，在众多的竞争者面前，倪学猛脱颖而出，独占鳌头，凭借他长期从事粮油储备经营的能力和实力，被市里招聘至开始筹建的禾丰粮油储备有限公司，出任董事长兼总经理。

/"深圳速度"江苏版/

如果说我国改革开放的前沿阵地深圳，当年创下日新月异建设的"深圳速度"的话，倪学猛则在禾丰书写"深圳速度"的粮油传奇。

初到"禾丰"，倪学猛身边仅有一名筹建组人员，所面临的，除了"难题"，还是"难题"。他知难而进，不等不靠，主动出击，数十次往返于盐城、南京等地，昼出夜行，诚心所致，两个多月的辛劳和奔波，顺利完成了立项、规划、环评程序和一期用地的征用手续。

那天，进入项目场地，眼前是一片杂草横生的荒地、坟地、草地。然而没有想到，河边的一棵沧桑的古柳引起了他的注意。当地群众称之为神树。后来经过考证，原来清光绪年间，淮安府一位叫张六的粮官，尽忠尽职，上为朝廷征粮效力，下为百姓交粮解难。州府将其功绩上报朝廷，赐御酒三坛，张六将酒用来与乡亲们同饮，不亦乐乎。张六逝后，为了纪念他，乡亲们在此举杯同乐的地方，栽下了一棵柳树，同时立碑，让子孙后代记住他为民解难的功德。

听完故事，倪学猛眼前一亮，随即笑着唱起了京剧杨子荣的一段词，"天下事难不倒共产党员"。他连声说要保护好这棵树，一定要在这块地上建最好的粮仓，建全国知名、全省一流的"禾丰"，让古柳传唱当今美丽的传说。

针对资金短缺、人员不足、技术力量薄弱的实际情况，倪学猛决定"分线作战，统筹安排"，迅速开展工作。一条线负责拆迁、场地整理，一条线负责可研性论证、项目设计，一条线负责资金筹措、"找米下锅"。各路人马负重推进，有机配合，团结奋斗，顽强拼搏，经过两个多月的辛劳和奔波，顺利完成了立项、规划、环评程序和一期用地的征用手续，完成了工程招标前的各项准备工作，为确保当年施工奠定了坚实的基础。

倪学猛一直强调，百年大计，容不得一丝一毫的疏忽和懈怠，更何况要把"禾丰"建成全国知名、江苏一流的粮食物流中心。他这么说，也是这样做的。

"高起点设计"，更需要"高标准建设"，在强抓安全施工、确保工程质量的前提下，倪学猛首先对内部人员明确了责任，强调必须做到"相对分工，绝对合作"。他就像影视剧里的作战指挥员，与建设单位密切配合，倒排工期，挂图作战，强化各个施工的重要节点管理。比如平房仓张拉拱板的浇筑期间，他同施工队一起上工，一起下工，吃住在一起，碰到问题，及时解决，仅以5个月的工期，完成了一期仓储区5万吨仓容的工程建设，满足了当年夏粮收购的需要。

历经4年多的努力，到2015年，"禾丰"已建成高大拱板平仓21个廒间，钢板浅圆保温仓3座，仓容量10万吨；同时建有日产300吨塔式烘干设备1套，2000吨泊位码头3座，港池220米，道路晒场2.2万平方米，各类储运机械、消防设施和粮油检测设备180台（套），配套以文化长廊、廉政花园、农民服务区，一座现代化、花园式的物流中心一气呵成，拔地而起，其美丽的雄姿与古柳相依而立，成为张庄工业园区、皮岔河畔的一道靓丽的风景。公司还被盐城市认定为"江苏省文明单位""江苏省农业产业化市级龙头企业"和"国家安全二级标准化企业"。

/ 续写"古柳"新篇 /

记得一位作家的文章，名字叫《倾听一棵树》。他说，之所以对一棵树心存敬畏，是因为我们的生活在发生变化，而树依然站立在那里。

也许是那棵古柳激发了倪学猛的创新思维，他将其中的意蕴引申到粮油产业化经营和信息化的广泛应用上来。他认为，今日五谷中国，第一轮改革涌现出澎湃之势，也存在种种转型的阵痛、成长的烦恼。想要让将来的"禾丰"稳行致远，必须从创新中谋发展，像柳树一样，始终保持着向上、向广阔空间发展的态势。

在倪学猛看来，要把"禾丰"打造成全国知名、江苏一流的企业，为盐城建设沿海特大城市提供粮食安全保障，就必须从创新中谋发展。

在全力推行"组织机构创新、用人机制创新、分配制度创新、经营理念创新"的同时，依托粮源优势和区位优势，倪学猛行稳致远，组织实施"储备做好，贸易做大，实业做强，管理做实，人才做精，文化做优"的六大战略。

他和一班人紧锣密鼓做实三件事。一是在全市粮食系统成立了首家农民粮食专业合作社，吸收了会员205户，拥有粮油订单优质粮种植基地3.5万亩，为当地农民年增收近千万元。二是开始尝试由粮食产业链向种植业延伸，以"企业＋合作社＋农户＋订单"产业化模式，以射阳为基地，流转土地3000亩，自主种粮，为新常态下的粮食购销摸索出一条新路子。三是发挥物流平台作用，发挥"互联网＋"的强势，充分利用公司资金、信誉的优势，扩大外购外销，把粮食购销经营的触角向河南、山东等地延伸，以量的扩张带动效益的提升。

在倪学猛的主导下，禾丰公司不断加强粮食品牌意识，坚持发展品牌之路，目前已成功培育了"千河香"大米、杂粮品牌，提高了公司效益和社会知名度。

倪学猛清楚，白手起家，利于"负重前行"。而在"一张白纸"上，想要画出最新最美的图画，则需"戮力破难"。

公司把"为农服务"放在第一位，引进最先进的航天信息技术，建成"数字粮库"信息化智能化管理系统，使该系统覆盖于仓储、购销、财务、安防等所有业务环节，通过"一卡通"业务流程，对数量、质量实时监控和汇总，实现"经营、财务、安全、粮情"等测控、管理资源共享，提升了为农服务和内部管理水平；建立"便民服务中心"，推行"一卡通结算""一条龙流程""一站式服务"的"零距离"服务。

公司严格按照政府和上级主管部门关于储备粮的管理规定，制定出台了一系列管理细则和考核奖惩办法。从入库粮质、保管责任、轮换手续，到出入库程序等，做到操作有规范，管理有标准，并建立健全管理台账和报表，及时记载变动情况，确保数量真实、账实一致。

倪学猛的管理方法（包括思想工作方法）与他人有所不同，他重视企业文化建设，不是为了"造气氛、摆样子、搞形式"。他喜欢在学习和实践中"众里寻他千百度"，最终"蓦然回首"，在"灯火阑珊处"领悟真谛。

库区中心大道，路灯上的条幅"员工素质高一分，企业形象美十分"读来给人的感觉既温馨，又有所启迪。在建址上他保留的那棵古柳，百姓对清朝时代一位粮官褒奖的石碑；他精心设计的文化长廊，里面的箴言与古训；平素的那些关注社会福利献血、捐赠、献爱心的活动；还有他的工作规则中，"结对帮扶"、亲自到困难员工家里探病、慰问等，所有这些，潜移默化，都成了他思想工作的范畴。他时刻不忘率先垂范，善待别人，不光是说在嘴上，而是一定说到做到。

在倪学猛设置的文化长廊里悬挂着一条十分醒目的古训："其身正，不令而行；其身不正，虽令不行。"眼见着这四年企业盈利大幅增长，员工的工资和福利逐年成倍增长，但倪学猛依然维持在当初聘用时的薪酬水平上。他的爱人因重病住进了上海一家医院，他安排亲属去照应，自己没有离岗一天，并请副总帮助保密，公司里竟然没有一人知晓……

倪学猛坚信，过去"粮官"能做到的，现在的粮食人一定会做得更好！

潘庆国：

小灶台点燃锅巴大市场

□ 胡增民

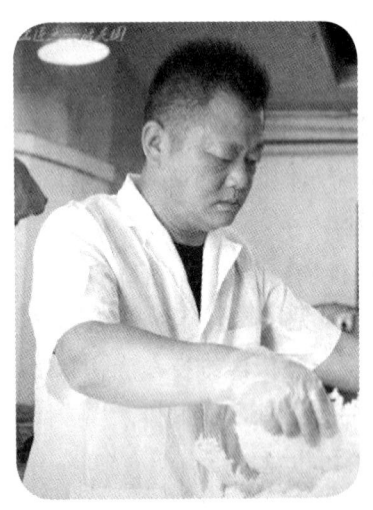

潘庆国，中共党员，大学文化，1970年9月出生于安徽省宣城市宣州区洪林镇，现任宣城市永顺园食品有限公司总经理，宣州区政协委员，区工商联执委，首届"宣州工匠"，安徽省商业经济学会副会长，"皖南锅巴"非物质文化遗产传承人。

人物语录

◎一生只做忆锅香，一张锅巴香天下！

◎先做好人品，再做好产品。

◎传承非物质文化遗产，坚持无限量工匠精神。

◎在平凡中创造不凡，需独具匠心！

◎发扬工匠精神，做人要"专心、专注、专业"，做事要"精准、精细、精致"。

◎企业需要科技发展固基，品牌发展求进，文化发展求远，文化传承求深。

作为非物质文化遗产"皖南锅巴"制作技艺传承人，潘庆国遍访皖南各地，收集整理锅巴烘焙技艺，不断改良创新，精雕细琢，用纯手工制作方法完成了锅巴烘焙的二十多道工序，将永顺园打造成国内第一家生产纯手工制作锅巴的规模企业。

＊＊＊

2017年6月28日，安徽省宣城市宣州区委、区政府隆重举行首届"宣州工匠"颁奖典礼，表彰宣城市永顺园食品有限公司总经理潘庆国等8名道德素养较好、技能水平高超、富有创新精神、具有领军价值、业绩成果明显的高技能人才。

首届"宣州工匠"评委会给潘庆国的颁奖词为："你遍访皖南各地，收集整理锅巴烘焙技艺，不断改良创新，精雕细琢，用纯手工制作方法完成了锅巴烘焙的20多道工序，成为国内第一家生产纯手工制作锅巴的规模企业。多年来，你毫无保留地传授技艺，带徒300多人；你热心公益事业，多次组织各项义卖捐赠活动。你用满腔的爱氤氲出一片灿烂的星空！"

/魂牵"锅巴情"/

潘庆国祖上擅长锅巴烘焙技艺。小时候，父亲负责食品公司油炸早点锅巴，潘庆国就饶有兴趣地站在一旁观摩，很快就能学着父亲独立炕出一张锅巴来。看到儿子有天赋，父亲就将手艺教给他。潘庆国很快成为当地有名的小"锅巴王"。

1988年初中毕业后，潘庆国接替了父亲的职位，出任洪林供销社食品柜组长，他的油炸早点锅巴门市总是顾客盈门。

1994年企业改制后，潘庆国卖过服装，办过皮鞋厂，做过建筑，但无论干什么，他总对锅巴情有独钟，时刻想着兼营。

随着现代工业的发展，特别是电器设备和液化气的大量使用，大锅饭越来越少，机制锅巴替代传统锅巴充斥市场，传统锅巴烘焙濒临灭绝，技艺濒危失传，人才稀缺。

时光转瞬，到了2009年，潘庆国对传统锅巴烘焙技艺濒危失传深感痛心。是年3月，他遍访皖南各地，收集整理锅巴烘焙技艺，并成立宣城市永顺园食品有限公司，建成3060平方米标准化生产厂房，决定打造中国最大的手工锅巴烘焙基地。

开弓没有回头箭。2012年9月，潘庆国注册"忆锅香"锅巴商标。公司用四年时间完成了原始积累，2012年被授予宣州区农业产业化龙头企业，2013年起在苏浙沪设立10个办事处，在安徽省建立35家销售网点，在淘宝网、天猫网等设立35家直销店。

潘庆国秉承"科技发展固基"理念，2013年新上三条大锅饭锅巴生产线，并配套恒温培养箱等现代设备15套，加强产品质量管理。与合肥工业大学、江南大学等科研院所达成产学研合作协议和意向9项、子课题11项，开发出5个系列特色产品，获得5项国家专利，其中大锅饭原味锅巴系列产品填补了同类产品市场空白，在激烈的市场竞争中杀出了一条血路。

冬去春来，2014年潘庆国秉承"品牌建设推进"理念，不断挖掘传统文化，传承洪林锅巴烘焙技艺，主营大锅饭锅巴系列产品，"皖南锅巴制作技艺"入选宣城市非物质文化遗产保护名录，"忆锅香"被认定为"安徽老字号"，洪林锅巴迅速声名远扬，产品供不应求，永顺园食品在严酷的经济下行压力下扎稳了根基，销量居宣城第一，被评为"宣城市十佳网货特色品牌"，公司被确定为宣城市旅游商品定点生产企业。

转眼到了2015年，潘庆国秉承"文化发展求远"理念，策划中国最大手工锅巴生产基地——忆锅香坊项目建设；组织"忆锅香"铁人三项骑行队、太极拳队、广场舞队等活动15场次，足迹遍布苏浙沪桂皖；《中国农村经济》杂志和省电视台等多家媒体对公司发展和特色产品进行专访，发表文章50多篇。

2016年，潘庆国秉承"文化传承求深"理念，在公司遭受特大洪灾停产两个月的情况下，仍在AAAAA景区芜湖市鸠兹古镇建设了忆锅香文化展示和产品展销中心，组织开展"'忆锅香'摄影采风月月行"活动，传承"忆锅香"锅巴非物质文化遗产，公司业绩仍与上年持平。

进入2017年，潘庆国秉承"工匠精神在路上"理念，立足市场前沿，借力"互联网+"，授徒300余人，不厌其烦、毫不保留地传承皖南锅巴烘焙技艺，受邀再在滁州市1912文化旅游街建立"忆锅香"文化展示和产品展销中心，植根消费群体，引领消费市场，生产优质产品，荣获宣州区农村创新创业大赛三等奖。

/ 用心诠释工匠精神 /

传统锅巴制作工艺复杂，技艺性强，质量要求严格，20道工序50多个流程全靠手工完成，全凭现场判断，全依经验处理。为了学到真本领，潘庆国每天早去晚归，夏练三伏，冬练数九，累坏了身子，仍兢兢业业。

潘庆国深知：锅巴品质关键在配比掌控。早年冬天，潘庆国按父亲秋天教的配方和制作技艺，选来优质早稻米、杂交米、粳米，开始制作锅巴，结果米粒"各自为政"，中间全是白心，根本粘不到一块去。父亲说："你水上少了，浸米时间短了，三种米的配比没变，米就生了。"

为彻底搞清最佳配比，潘庆国每天根据三种米的配方、上水多少、浸米时长制定十套方案，每盆亲自抄洗四次，手冻得像两只大包子一样；浸米时，他每隔十分钟检查一次，但"包子"经常不听使唤，蒸煮、烘焙又烫得不行，"包子"很快成了"烂柿子"。

就这样，寒来暑往，潘庆国一年四季在不同天气条件下做了上万次实验，并买来农业书籍，上网搜集稻米知识，深入了解其特性，总结出一条规律：配方掌控品质，选料优质，稻米配比因季节增减；浸米掌控时间，过长乱而无筋骨，过短生而不涨锅；上水掌控分量，根据稻米品种、数量和天气状况而定；蒸煮掌控熟度，水分含量适中，米粒熟而不烂，不见白心。

潘庆国深知：烘焙锅巴的难点是掌握火候。学艺时的一个六月天，他按要求松毛点火、松枝加温，压锅整形时，烟熏火燎，汗流浃背，手忙脚乱的他一会儿加柴，一会儿整形，一会儿擦汗，一不小心一锅锅巴全糊了。

先从锅巴整形练起。潘庆国一练就是一星期，直到将锅巴整得一粒粒米并排粘在一起且不脱落为止。可到晚上，潘庆国手腕、手臂、肩膀到处酸痛不止，夜不能寐。

功夫不负有心人。整形练好后，他就一边研究一边实验起火候来，什么时候加松毛、什么时候加松枝、什么时候退火、什么时候起锅，他都记在心里，得出"文火烘焙，适调火源，火大易焦，火小易生，火力不均匀易烂"的结论，最终做出薄如纸张、脆如香酥的不伤牙锅巴。

潘庆国深知：工匠精神的灵魂是创新。在企业管理方面，他建立了电子商务销售网络、厂区监控系统、财务监控系统和远程销售监控系统，被评为中国十佳粮油"互联网+"探索企业。在文化建设方面，他搜集《"锅巴"考源》《宣城工作》《洪林锅巴考究》等文章，寻访"恐麻氏有难，当有靠山""麻姑劝善"的民间传说，遍访新罗国王子金乔觉"六月炕锅巴，烟熏火燎，淫僧喝米汤；寒冬走洪林，风吹雨打，施主忆锅香"。在洪林古村落贡村和沈家边，潘庆国探听宋高宗"武德大夫"后代讲述"贡祖文藏锅巴冒死救岳霖""中国历史上成功收复台湾第一人"、族人"沈有容备锅巴远洋收复台湾"的故事，整理出"忆锅香"的历史文化。在锅巴制作非核心环节，他引入恒温培养箱，增强米饭稳定性；引入先进检测设备，保证锅巴品质；设计新型包装，展现"忆锅香"特色，等等。

/ 把小锅巴做到极致 /

锅巴是我国最早的方便食品，家喻户晓，人人会做，不足为奇，但把这个再平凡不过的民间小吃打造成为人人关注的安徽名品，潘庆国用了12年时间。

如今，从皖南到皖北，提起"忆锅香"锅巴可谓家喻户晓，"传统""好吃""不伤牙""不好买"成了"忆锅香"锅巴的代名词。中国十佳粮油区域领导品牌、安徽老字号、安徽省著名商标也实至名归花落"忆锅香"。

2017年5月21日，全国粮食科技活动周暨产地会场活动在安徽省凤阳县小岗村大包干纪念馆广场正式启动。在现场，安徽省委常委、省政府副省长方春明也自豪地向国家粮食局领导介绍："'忆锅香'锅巴好吃，我家常备。"

宣城市永顺园食品有限公司原本是个不起眼的小企业，2009年营业收入不足200万元，在全国粮油企业寒冬来临之际却实现了"井喷式"发展，到2016年猛增到1.3亿元，先后荣获"中国百佳粮油企业""中国十佳粮油

'互联网+'探索企业""宣城市农业产业化龙头企业"称号。

潘庆国不忘初心，多年来，从来没有放弃制作手工锅巴技艺，如今，他担当宣城市非物质文化遗产"皖南锅巴"制作技艺传承人，还当选为安徽省经济学会副会长、首届"宣州工匠"，成为中国锅巴界红人。

当被问及"你眼中的工匠精神是什么"时，潘庆国告诉《粮油市场报》记者：工匠精神就是做人要"专心、专注、专业"，做事要"精准、精细、精致"。

宣城当地一位诗人曾送给潘庆国一首《匠心筑梦》的藏头诗："匠理乾坤上下求，躬耕勤胜老黄牛。心泉穿石终能透，铁杵成针更不愁。筑我文房宣笔力，飘香食府忆锅馐。梦圆笑伴新荷艳，亮了宣州誉九州。"

著名比较教育学者、香港中文大学副教授、香港比较教育学会会长、博士后导师李军品尝"忆锅香"锅巴后大悦，特作《锅巴赋》："忆锅香初尝，始脆，几无入口，辛香异常。小嚼而辍，饮清茶小口。复嚼之，其味入骨，至入心。再咽之，始回味而无穷矣。如加辣，至醇，微汗而口出余香，意酣而兴犹未尽，乡思绵绵不绝云耳！"

面对未知的将来，潘庆国表示，不管道路多么坎坷，我将继续沿着手工锅巴产业化、锅巴宴市民化、农耕文化国际化目标顽强地走下去，直至实现美好的"锅巴梦"。

沈金山：

托起西北面业的红太阳

□ 付嘉鹏　赵倩

沈金山，中共党员，武威市谢河镇五中村人，武威市第一届人大代表，武威市政协委员，武威市面业协会会长，甘肃省质量协会副会长，甘肃省粮食行业协会常务理事，武威红太阳面粉有限责任公司董事长兼总经理，曾被评为"2011年中国粮食行业优秀企业家"、甘肃省武威市"十大杰出青年""建国六十周年功勋人物"等。

人物语录

◎ 质量抓好，信誉抓好，就能把企业做好。

◎ 吃亏让我笨鸟先飞，吃亏让我结交肝胆相照的朋友，吃亏让我拥抱成功。

◎ 企业中，老板的思想就代表了企业的思想。

◎ 经营管理人才是决定企业兴衰成败的根本要素，市场竞争说到底就是高水平、高素质管理人才的竞争。

◎ 食品类产品靠的是口碑，而不是宣传。

◎ 做企业就是做品牌。

在沈金山这个西北汉子的坚持中，武威红太阳面粉有限责任公司犹如挂在西北天空中的一轮旭日，为解决西北人民的吃饭问题而不断发光发热。

作为公司董事长的他有情有义，为了让职工过得更好，他甚至注册了房地产开发公司。而这，或许就是他能从一个小商贩做成"建国六十周年功勋人物"的秘诀。

＊＊＊

未见其人，先闻其声。作为武威红太阳面粉有限责任公司的掌舵者、西北地区最大的面粉集团的带头人，沈金山给人的第一印象就是嗓门特别响亮，他那洪亮有力的声音直入心脾。

"哎呀，我们就是瞎折腾嘛！"得知记者的到来，沈金山用夹杂80％家乡话的普通话稍做客套后，随即转移话题开始介绍："我刚刚当选了'2011年中国粮食行业优秀企业家'，我们的'甘青'牌面粉以前获得过国家免检产品。"不是自吹，这显示的是沈金山对于自己实力的高度自信。短短十几年的时间，沈金山就把一个小型面粉厂发展成为西北地区最大的面粉企业集团。

实际上，沈金山是一个极其低调的人。当地不少粮食加工行业的人都说："我们这边好多人听过他的名字，但就是没见过他，电视中、报纸上几乎都见不到他。"沈金山是一个颇具感染力的领导。他高大魁梧的身材，黝黑的皮肤，爽朗的笑声，以及风趣幽默的说话方式，共同交织成一股强大的气场，让你不自觉地深陷其中。交流中，他在气势上会完全将你降服，以至于你根本无法辩驳他提出的观点。

沈金山又是一个标准的西北汉子。握手的时候，你能感觉到一个男人的力度。方脸阔鼻，直硕硕站立着的头发，和岁月在他脸颊上留下的痕迹，又让你看到这个西北男人特有的气质。他带出来的企业，也处处体现出西北地区特有的豪迈粗犷，生产的"甘青""金武""银丝"等系列产品，享誉西北。沈金山也从一名高中毕业生，蜕变为令人刮目相看的"建国六十周年功勋人物"。

/"不安分"的老板/

武威市粮食局副局长齐誉向记者这样介绍：这是武威市最早的放心粮油示范企业。

红太阳面业俨然已经成为武威粮食行业的骄傲，沈金山也俨然成为当地的明星。翻开他的履历，各种社会头衔令人目不暇接，如人大代表、政协委员、优秀企业家、甘肃省粮食行业协会常务理事、甘肃省质量协会副会长、工商联黄羊分会会长、武威市面业协会会长等。

这些荣誉都与他目前从事的面粉行业息息相关，不过，许多人不曾想到，沈金山以前不过是一个杂货店的小商贩。

出身农家的沈金山，自小就是一个不安分的小孩儿。"当初没有饭吃，如果像别人一样能考上学当老师，我就不考虑做生意的事情了。"沈金山说。

1985年，沈金山高中毕业。刚满18岁的他，选择进入一家集体所有制的商店上班。这个年轻人，头脑灵活，能力出众，迅速以出色的工作成绩赢得了领导的赏识。没过多久，他就被任命到采购部门去做负责人。

然而，做打工仔并不是这个青年的愿望，自己主宰自己的命运，才是沈金山的理想。一心想要创建事业的他，没有在这个商店干多久，就辞职不干了。

20世纪末，我国正处于改革开放初期，"下海"曾成为当时风行一时的流行用语。当时，我国的市场经济开始繁荣，一个新的自由空间出现。

一些人，主要是政府机关人员、企事业单位工作人员等放弃在传统体制内的位置，转而到这一新的空间里创业经商、谋求发展。沈金山也成为这些人中的一分子。

"那时候商业比较热门，既能锻炼人，也能挣钱。"抱着这种认识，沈金山一头扎进了做买卖的潮流中。

"最开始，我是做日用百货的。"沈金山介绍，自己租了一个小门面房，卖粮、卖布、卖服装。

其实，这也就是一个小商店，犹如现在城里面的烟酒店。商店虽小，五脏俱全。更重要的是，这是属于自己的事业。凭借自己在大商店内积累的经验，不甘人下的沈金山终于实现了自己当老板的理想。

如果是一个平庸之人，也许会满足于这样一个商店，止步于此。但沈金山认为，再小的买卖也是商业活动的一种，这个小门面房就是自己的事业。在他的意识中，事业要做得轰天动地，而不是平平凡凡。敢闯敢拼的沈金山很快显露出了独特的商人气质。在他的用心经营下，小小的门面房中，人来人往，生意也越来越红火。

鸿雁之志，当在高飞。立志要做大事的沈金山不满足于当时的小买卖，遂又开了第二家、第三家……3年时间内，沈金山的商店就由1家发展到了4家，工人有十几个。

"做生意很能锻炼人。"腰包鼓起来的沈金山感慨良多，他认为，自己能把企业做这么大，与很早就进入商业圈打拼很有关系。"待人之道、诚信、财务及人员管理等，许多知识都得益于当时的积累。"沈金山说，创业初期，自己既管钱，也管人，学到了许多终身受益的知识。"这是很好的基础。比如说财务管理，会计、出纳等程序上我都了解，同时基础管理我也掌握了不少，比如说钱和物要分开管理。所有这些对于我日后的发展都非常重要。"不过，在记者看来，较早进入商业圈的最大好处，就是锻炼了沈金山对市场的敏感度。

沈金山也认为，在进入商业圈以后，"我对市场敏感得很"。敏锐的市场嗅觉，让他嗅到了当地粮食经济的快速发展。

武威商品粮基地就是从20世纪70年代开始建设的，80年代发展了起来。据武威粮食局提供的有关资料显示，1984年，武威粮食总产量达到58 335千克，农业人口人均产量达423.5千克。丰富的资源，为当地粮食加工产业的发展提供了强有力的支撑。而当时的武威地区，则分布着无数大大小小的面粉加工作坊。

/ 最年轻的厂长 /

机遇留给了犹如沈金山这样有准备的人。

1988年起，武威地区对全区的国营粮食加工企业开始实行承包经营责任制，承包期均为3年。在这一政策的鼓舞下，20世纪90年代初，武威当地的一些人开始尝试投资面粉厂，武威地区的粮食产业焕发了活力。

《武威粮食志》中如此记载：20世纪80年代末90年代初，全国粮食政策放宽，全市粮食经济处于活跃期。

粮食加工民办企业大量涌现，数量达200家以上。1987年，凉州区面粉厂的固定资产总值为195万元，粮食加工总量为41 567吨；1988年，数字则上升为385万元和53 330吨。当地的面粉加工产业实现了跃升。

时代为早已准备好做一番大事的沈金山刮来了一阵东风。怀揣开商店时积累的资金，沈金山开始琢磨筹建面粉厂。

1994年，改革开放的号角在西北大地上吹响，26岁的沈金山认为时机已到。他果断出手，将当时的武威市韩佐粮油综合加工厂（当时属于集体企业）承包了下来，担任厂长一职。

"那时候，我还是一个娃娃，但已经是我们这里最年轻的厂长了。"回忆起这些，沈金山仍满面自豪。

不过，企业毕竟不是自己的，沈金山始终没有在这里找到归宿感，也没有成就事业的快感。经过一番思想斗争，沈金山认为，只有自己创办面粉厂，才能真正拥有属于自己的事业。

然而在当时，沈金山兜里的钱并不够建设一个面粉厂。"能怎么办呢？我只好划拳、喝酒、交朋友，借朋友的钱。"西北人的重情重义在沈金山的创业初期起到了重要作用。在社会上摸爬滚打多年，沈金山的人品早已得到身边朋友的一致认可。在朋友的鼎力相助下，沈金山辞去厂长一职，筹集资金15万元，带领着十几名农民兄弟，走上了真正属于自己的创业之路。

很快，一个日处理小麦20吨的武威黄羊红太阳面粉厂，宣告成立。

创业之路并不是一帆风顺，创业的艰辛又总是出现在开端。

1998年4月，沈金山想要扩大企业规模，于是准备投资500万元兴建一条日产120吨的面粉生产线（后经过技术改造为150吨）。沈金山称："当时，我把挣的钱都投上了，但因为违反国家土地政策，房子盖到两层的时候，差点被相关部门责令拆除，后来找人托关系，要政策。活动了一段时间，要了个甘肃省重点项目的政策，楼就这么修起来了。"为保住自己的心血，沈金山可谓是动用了所有能用上的手段。

功夫不负有心人，他的努力终究没有白费。"经过这一次以后，企业的发展就顺利多了。"在沈金山的带领下，红太阳犹如武威天空上的旭日，徐徐升起。

1999年4月，沈金山投资800万元扩建了一条日产200吨的面粉生产线；2001年4月，投资2500万元再建了一条日产300吨的面粉生产线，于2002年10月正式投产；2005年9月，投资3500万元修建了一条日处理小麦500吨的专用粉生产线，于2006年8月正式投产；2008年4月，投资3000万元，兴建了两条挂面生产线，于2008年8月正式投产。公司现有职工700余人，占地面积447亩。公司扩建后，日处理小麦1300吨，年加工小麦35万吨。

/ 知情意的老总 /

在红太阳面业的宣传册上，记者被集团公司下属的另一家公司所吸引——武威红太阳房地产开发有限责任公司。

难道沈金山已经开始涉足房地产了？难道红太阳面业要离开这个为之奋斗近20年的行业？近些年来，相对于利润越来越薄的粮油加工行业，被称为暴利产业的房地产行业越来越受到投资人的青睐。一些粮油加工企业在发展起来之后，其负责人也纷纷转向投资房地产。然而，由于行业之间的巨大隔膜，转行成功的粮油企业老总寥寥无几。一些粮油企业甚至倒在了追逐暴利的道路上，创始人也身败名裂，令人惋惜。

也许是看出了记者的疑惑，沈金山主动介绍说，红太阳面业的确投资成立了房地产开发公司。不过，谈及投资该公司的原因，沈金山称其自有苦衷："目前，红太阳面业的发展越来越快，对于人才的渴求越来越强烈。如何能留住人才，成为红太阳面业必须解决的障碍。"一直以来，由于工资待遇低、工作辛苦等因素影响，粮油加工行业始终无法留住优秀人才。

"铁打的厂房，流水的职工"是这个行业的鲜明写照。为留住人才，沈金山想尽一切办法。红太阳面业的管理层在充分调研过员工的实际需求之后发觉，在房价日益高涨的今天，能拥有一套住房成为许多在岗职工的强烈诉求。为让所有工作人员把根扎在红太阳面业，沈金山决定为企业的职工解决这个后顾之忧。

"想要买地建房，必须要成立房地产开发公司，因此，我就只好注册了这个公司。"沈金山说。

公司的办公室主任介绍，优惠政策的基本原则是，在公司工作时间越长，贡献越大，买房子的优惠幅度越大。红太阳面业的一位员工介绍："我们公司的优惠政策是按'工龄+职务'的补助，工龄按每年1200元算，职务是一次性的；双职工购房的话，取优惠高的一个人，另一个人按'职务+工龄'的一半进行优惠。""听说有的老职工花几万元钱就能买一套房子。"说这句话时，进公司没有多久的一位新员工充满了羡慕。

将心比心，受到如此恩惠的职工，更尽心尽力地为企业付出。

其实，沈金山的爱心不只恩泽着自己的员工，出身贫寒的他经常主动承担起一些社会责任。

沈金山曾多次为学校、敬老院、贫困山区人民捐助物资，赠送面粉，多次救助失学儿童和孤寡老人，先后捐款数额达10多万余元。他还曾向兰州市民政局捐助面粉，向特困户捐资送温暖，向武威市的贫困山区送面粉，并为谢河镇五中村装了有线电视。

在2008年的汶川大地震中，他积极带领公司员工向地震灾区捐款5万元；2010年冬天，他为黄羊镇新店村和黄羊村的残疾人共捐款2.8万元……这个有情有义的老总也得到了善报，2010年，武威红太阳的总销量达34万吨，实现销售收入74 256万元。

田志和：

粮食行业"爱迪生"的秋天

□ 胡增民

田志和，1965年2月生于吉林省公主岭市怀德镇农林村，1985年考入吉林四平粮食学校，学习储藏检验专业；1987年毕业后到公主岭市粮食局粮油检验监测站工作；2006年5月创办公主岭志和粮食测水仪开发有限公司，担任总经理、工程师。

人物语录

◎ 做事先做人，做产品先做好质量，否则企业就是死路一条。

◎ 人活着要有一种精神，不能白活一回，要勤奋一生，一定要干成一件大事。

◎ 搞研发失败了不要紧，关键是找出失败的原因。

◎ 科研成果如果不转化成生产力，只是"纸上谈兵"。

◎ 不管吃多大的苦，只要客户认可，就是我最大的幸福和快乐。

从1992年起，田志和矢志不移地破解东北冰冻玉米的检测难题。他研发的"水浸悬浮法"能快速准确地测试粮食水分和测定容重，两项发明破解了行业难题，填补了国内外行业空白，不仅获得国家发明专利，还顺利进入了国家粮食行业标准，且"粮食水分、容重测定水浸悬浮法"有望进入国际标准。

* * *

2016年农历8月初，"中国玉米之乡"吉林省公主岭市，玉米地一望无际，一棵棵玉米就像整装待发的士兵，个个英姿飒爽，硕大的玉米棒像一枚枚军功章挂在胸前，好一派丰收景象。

一口地道的东北话，浓浓的眉毛，高高的个子，憨厚朴实，衣着朴素。若非实地接触，很难把他和粮食行业的"爱迪生"这个称号画等号。他就是吉林公主岭志和粮食测水仪开发有限公司总经理田志和。

秋天是收获的季节。田志和更是喜上眉梢。他一脸笑容地告诉笔者，国家粮食局已发布通告，他所研发的"粮食水分、容重测定水浸悬浮法"，将作为两项国家粮食行业标准从2016年11月1日起实施，而且有望进入国际标准。

/ 小"魔盒"大威力 /

田志和兄妹8人，他排行老五，小时候家里穷，为养家糊口，他夏天卖过冰棍，冬天卖过糖葫芦，农村的犁耧锄耙没有他不会的，用他自己的话说，"啥苦都吃过"。

田志和从跨出粮校的大门起，就有一个愿望：利用所学知识，为国家做点事情。

1992年，田志和瞅准了粮食测水这个行业。在漫漫十几年的研发过程中，田志和连吃饭睡觉想的都是测水仪。为了攻关，他曾经1个月顾不上洗澡。

经历了数次失败之后，2006年，田志和的测水仪终于试验成功，并在公主岭市的毛城子粮库、范家屯粮库、怀德粮库等7个粮库上马试验，得到实践的验证。接着，田志和注册了公主岭志和粮食测水仪开发有限公司。

心有多大，舞台就有多宽。2007年9月22日，中国国际玉米博览会在吉林长春举行。展厅内，大多展位用的都是三维影像，还有大图片，而田志和手里只有1台土里土气的粮食测水仪，却吸引了国家粮食局标准质量中心标准处处长朱之光的目光。他发现，这个粮食测水仪与众不同。一个小圆柱形状的皿盒，装上粮食样品放在水中，就可以测试水分。

朱之光饶有兴趣地问："你的测水方式跟别人不一样，怎么放在水中？"田志和立即在现场进行演示。

为了展示产品性能，他连续做了两遍，误差不超0.1%，这让朱之光大为赞赏。

随后，国家粮食局流通与科技发展司司长何毅、外事司司长刘韧等人，还有一些媒体记者，也纷纷来看稀奇。

"那天展示同类产品的厂家有一二十家，来自北京、深圳、上海、浙江等地，但属我们那个展位最热闹。"田志和回忆说。

不久，田志和的命运跟随这个小"魔盒"发生了转变。

2008年4月6日，国家粮食局标准质量中心打来电话，让田志和带1台样机到北京进行现场演示。

4月8日，在北京市西城区百万庄大街11号的粮科大厦，适逢各省粮食质监站负责技术站长开会。在大会现场，田志和一边演示，一边讲解原理。结束后，国家粮食局标准质量中心主任杜政讲话，征求大家的意见。

时任国家粮食局科学研究院党委书记、常务副院长的吴子丹第一个发言。他拿着田志和的论文说："过去20多年，咱们大家看到的大多是'老生常谈'，人家这个东西才叫'脱胎换骨'，并且既有论文，还有样机。"吴子丹还说，到目前为止，田志和这个测水仪可以说是"史无前例"，是测水行业的一次革命。

/容重测定的"克星"/

公主岭志和粮食测水仪开发有限公司副总经理陈雨安告诉笔者,田志和是从2008年开始研发"容重测定水浸悬浮法"的,2011年研发成功,再到作为国家行业标准实施,前后历经8年时间。这期间,田志和耗费了多少心血,只有他自己知道。

其实这里面还有一段故事呢。那还是在2008年4月,吴子丹在北京看了田志和用"水浸悬浮法"快速测定水分的演示后,拍着他的肩膀说:"老田,你既然能把水分测试解决了,能不能把容重测量也解决了啊,这可是困扰东北冰冻玉米30多年的问题。"

田志和似乎早已成竹在胸,他斩钉截铁地回答:"请领导放心,我一定会完成!"

田志和告诉笔者,简单地说,"容重测定水浸悬浮法"就是利用阿基米德定律浸水悬浮称量时测出样品籽粒的纯体积,换算出样品容重值,再修正到安全水分的容重值的原理设计的,关键是在水中把体积测出来,整个过程只需2分钟,最大的优势是稳、准、快。

陈雨安告诉笔者,过去容重定等是快速降水法,使用的是容重器,高水分玉米要先烘干45分钟左右,把水分降到18%才可以测定,而且误差大。

2014年7月,国家粮食局标准质量中心在武汉开会,会上对田志和的"容重测定水浸悬浮法"进行鉴定。

专家鉴定结论认为,现"容重测定水浸悬浮法"粮食行业推荐性标准,不论多大水分,不论冻化玉米都可以直接快速测量,测出的容重值都是14.0%时的容重值,具有同等条件下的可比性,优于老方法的18.0%以下直接打容重,不在同等条件下的可比,省略了老方法的漫长降水过程。

专家组认为,玉米作为我国最主要的粮食作物之一,其标准的制、修订直接关系到我国的粮食安全和国家"三农"政策的实施。本方法根据市场需求和粮食内在品质,快速准确测出容重值,确定等级,做到了按质论价,可以促进玉米种植结构的调整,实现客观、公平、公正交易。

就是在这次武汉会议上,国家粮食局标准质量中心主任唐瑞明看了田志和的现场演示后,抱着田志和说,你解决了困扰粮食行业30多年的大问题,为中国长了志气。

唐瑞明告诉田志和,"容重测定水浸悬浮法"已经过中储粮、中粮、中纺及陕西、河南、河北、湖北多个省市测试,测试结果显示该方法非常可靠。

在德国慕尼黑举行的一次国际会议上,来自中国国家粮食局科学院的孙辉博士用英语向与会专家介绍了"粮食水分测定水浸悬浮法",赢得了欧盟、美国等代表的掌声,受到外国专家的一致好评。

田志和算了一笔账,他的"容重测定水浸悬浮法",与手摸、牙咬鉴定误差相比,每吨可减少损失40～50元。

/ 市场是"试金石" /

"任何科研成果获得证书,只是理论上的成功,如果不转化成生产力,在实践中得不到检验,得不到客户的认可,只是'纸上谈兵'。"田志和深有感触地说。

万事开头难。一开始他们并不是一帆风顺,也受了不少委屈。据田志和回忆,2011年11月23日,陈雨安副总冒着大雪驱车来到内蒙古通辽一家粮库,门卫不让进门,还把年近六旬的他推倒在地上,但他还是笑着说:"我们是推销快速测水仪和容重仪的,对企业有好处。"后来经过现场试验,对方买了2台。

黑龙江中粮生化能源(肇东)有限公司年收储玉米125万吨(属中粮集团公司玉米深加工),以前收储玉米,国外仪器、国内仪器都用过,效果非常不理想,快的不准,准的不快。一次,田志和、陈雨安带着测水仪和容重仪来到该公司。在化验室,当着对方的面做了实验,化验员惊讶地说:"中国还有这样好的东西!"当场买下。停了1个月,中粮生化又要了两台,坚持每一车粮食都用快速测水仪化验和容重仪定等,并提出了加软件的要求。他们希望通过软件可以查到哪辆车出现舞弊行为,该车的扦样号是多少,谁做的,什么时间做的。

田志和又找到软件开发专家,成功研发了"电脑监控联网系统"。中粮生化一下买了6台，总经理坐在办公室就可以监控整个收购粮食的化验过程，当天收的粮食什么状况一目了然，从而做到了农民、企业"双满意"。

"质量问题，必须有责任感，售后服务很重要，不能砸在客户手里。"这是田志和经常挂在嘴边的一句话。

2011年12月18日下午5时许，肇东一个客户打来电话，说粉碎机突然不转了。当时正是"北国风光，千里冰封，万里雪飘"的季节，高速公路都封了。田志和第二天凌晨4点启程，带上8台粉碎机，跑了近500公里，直奔肇东，这让对方感动不已。

2012年1月，吉林延吉地区有个客户，测水仪打压夹子上端2寸长的塑料管裂纹，导致测试不准。田志和接到电话，次日凌晨3点驱车560公里来到延吉。他这一趟来往费用花了1800多元，而那一截管子只值2元钱。田志和说，我们不能钻进钱眼里，只要客户满意，花钱再多也值得。

还有一次，内蒙古通辽市西大仓粮库的王佐军打来电话，因春节前忘记把测水仪放到宿舍了，结果放假十来天，仪器打压部分冻裂缝了，导致漏水，操作失灵，并说因为是他们人为损坏，需要多少钱他们都出。田志和拉了两台测水仪很快赶到通辽，免费给他们换了1台新的。这一趟他们来回往返630千米，花费800多元。

田志和并非全都"春风得意"，他也有自己的困惑。他耗尽心血研发并得到国家粮食局认可的快速测水仪和容重测水仪，因为种种原因"叫好不叫座"，还有的持怀疑态度。

"因为没有政策约束，明明是好东西，但一些企业和粮贩子出于自身利益考虑，却不想用。要是能进入国标，这样就能强制执行，用仪器公开、公平、公正检验。"田志和如是说。

田志和的"粮食水分、容重测定水浸悬浮法"，成功解决了东北地区高水分冰冻玉米的水分检测，容重测量既快又准，目前黑龙江、吉林、辽宁、内蒙古地区中储粮、中粮、地方储备库及个体粮库用这两款仪器都非常满意，解决了以前手摸牙咬，靠烘箱时间长且不准确等问题。

春种一粒粟，秋收万颗籽。田志和成功了，但他并没有陶醉，他最大的愿望是"粮食水分、容重测定水浸悬浮法"能进入国际标准，打入国际市场，为祖国争光！

王保善：

皖南木榨油文化传承者

□ 胡增民

王保善，1964年生于安徽省定远县，北京EMBA总裁班毕业，大专学历，中共党员。中国皖南木榨油生产技艺非物质文化遗产第六代传承人，现任安徽康平油脂有限公司董事长、安徽省粮食行业协会副会长、宣城市消费维权联合会会长、宣城市商业协会副会长、宣城市养生学会副会长、宣城市宣州区人大代表。

人物语录

◎ 既做第一，又做唯一。
◎ 真情做人，用心做事。
◎ 看准的事情，就是卖房产、卖裤子也要去做。
◎ 依传统木榨工艺生产，靠现代企业制度管理。
◎ 成功者绝不言弃，放弃者难以成功。

王保善，一位充满传奇色彩的创业家。19岁，他怀揣100元来到宣城，一番打拼之后，成为千万富翁；37岁，他从富翁变成"负翁"；45岁，他还清巨额债务，东山再起，成立安徽康平油脂有限公司；50岁这年，皖南木榨油生产技艺入选安徽省非物质文化遗产保护名录，他成为文化遗产"传承人"。

＊＊＊

19岁，他怀揣100元来到宣城，一番打拼之后，成为千万富翁；37岁，财产顷刻成负，他从富翁变成"负翁"；45岁，他还清巨额债务，东山再起，成立安徽康平油脂有限公司；2014年，公司研发的皖南木榨油生产技艺入选安徽省非物质文化遗产保护名录，他成为该文化遗产"传承人"。

他就是王保善，一位充满传奇色彩的创业家。

/小木匠办班/

34年前，19岁的王保善第一次来到皖南宣城，成为一名小小的木匠。短短几年时间，他通过自己的才干和努力，成为一家技术培训公司的老板。

"做木匠时，我们只负责做家具，做好以后交给油漆工。但我发现油漆工挣钱比我们多，我就决定改行做油漆工。"这是王保善第一次萌生转行的念头。可是，在宣城，同行担心他抢生意，根本没有人愿意将油漆这门手艺传授给他，他只能在一旁偷偷看，偷偷记，偷偷学。

一次偶然的机会，他在电视上看到合肥油漆培训班的招生广告，于是下定决心，准备北上学艺。性格果断的王保善只身来到合肥，参加了培训班。可还没等培训结束，王保善又想转行了，而这一次他想到的不仅仅是一门单一的手艺，而是用自己的所学开培训班。

"我私下为培训老师算了一笔账：一个班130个人，每个人交50元培训费，半个月就挣八九千块钱，这在那个年代是相当可观的收入啊，当时我就决定了要走师傅这条路。"培训结束后，王保善决定留下来做培训，学习培训技术和培训经验。

22岁这年，属于王保善自己的培训班终于开起来了。泗县、宿州、六安、安庆……不少地方都有王保善在油漆培训班上讲课的身影。"理论讲起来容易，可是哪里有那么多的家具让学生们练手呢？我就想到了一个办法——免费油漆家具。"就这样，王保善的培训班越来越红火，而且积累了大量的实战经验。

1992年，王保善辗转来到宣城开设油漆班。同时，他也看到了其他商机，陆续开设了裁缝班、摩托车修理班、厨师班、家电班、编织班、干洗班……这一年，宣州市惠达技术培训有限公司正式成立了。

"1992~1998年，我们公司每年培训学员4000人，6年培训学员2万余人，学员大多输往上海、杭州等江浙地区的大中型企业。"此时，30多岁的王保善已经成为千万富翁。

/ 富翁变"负翁" /

昔日的辉煌还未散去，二次创业，对王保善来说就没有那么顺利了。

"短短两年的时间，我就从千万富翁变成了'百万负翁'，那个时候苦啊！"说起第二次创业，王保善的眼角似乎有泪花闪动，心里有说不出的苦楚，因为那是一段在夹缝中求生的日子。

原来在2000年，由于拆迁等原因，王保善的培训公司停业，于是他投资700多万元转型做实体经济，在原宣城市经济开发区成立宣城市宏大塑业再生厂。然而，由于工厂生产以煤为燃料，产生了二次污染，被有关部门"叫停"。

王保善并不死心，他东借西凑了50余万元，花了两个多月时间将厂房搬迁至敬亭山脚下。没想到，投产还不到3天，就遭到群众举报，工厂又被强行停产整改。两次被迫停产，背负300多万元的债务，王保善一下从"云端"坠入"地狱"，穷途末路的王保善几近崩溃。

"我当时穷到什么地步，你肯定无法想象。别人把办公桌都搬走了，我连200元钱的电话费都交不起。"面对事业的失败以及朋友的追债，王保善一度产生过自杀的念头。他偷偷买好了保险，准备随时结束自己的生命。

可看见妻子还在无怨无悔地陪伴和帮助自己,家乡的父母还在支持着自己,他放弃了轻生的念头。

于是,不甘心就此沦落的王保善将债务列了一张清单,立下誓言要在最短的时间内将所有债务还清。"我清清楚楚地记得,我当时欠了32个人、320多万元,我决心到2008年年底将这些账还清。"2002年,王保善终于寻得良机。

他发现定远县宏大油厂倒闭一年了,但工厂设备良好,技术人员还在,客户仍有联系。于是,他大胆承包了该厂,通过诚信经营和人格魅力,迅速将油厂扭亏为盈,年底即实现产值2000多万元,3年盈利450万元,他本人分红200多万元。

然而好景不长,宏大油厂因当地开发区建设又要搬迁,政府宣布这家集体企业破产,王保善从此又过上了流离失所的日子。

山重水复疑无路,柳暗花明又一村。2006年,王保善的客户单位黄山市兰渡油脂公司向他伸出了"橄榄枝"。相似的情况,同样的方法,王保善又让一家濒临倒闭的集体企业"起死回生"。辛勤的付出得到了丰厚的回报,经过6年打拼,王保善赚足了资本,赎回了全部家产,还积累了800万元资金。有了资金后,王保善首先想到的是曾经在危难时帮助过自己的亲朋好友。8年来,他每天都在翻弄那张发黄的"欠账单",如今终于可以还清这笔"人情债"了。

2007年5月,王保善买好礼物,开着新车,按照"欠账单"上的名字,挨家挨户登门致谢。当曾经"穷途末路"的王保善突然"八面风光"地出现在朋友面前的时候,大家都惊喜不已。

"很多人都不指望我还钱了,没想到我用几年时间就将这320多万元还清了。"王保善自豪地告诉笔者。

/ **天道酬勤** /

王保善虽然是定远人,但他回到宣州只是为了一个"谢"字,他要加倍偿还宣州父老曾经给他的"爱"。

2008年王保善回到宣州后,成立了宣城市康平油脂有限公司,固定资产投资1000多万元，建成预榨、浸出、精炼、锅炉四大车间和仓库、办公住宿、食堂等，建筑面积达3750平方米，注册了"敬亭山"牌植物油商标，日加工油料180吨；菜油和菜粕产品除供应安徽本地外，还远销江苏、浙江、福建和河北等地。

受全球金融危机影响，康平油脂2009年仅生产4个月，营业收入就已达1800万元，实现利税144万元。康平油脂因此被宣州区政府命名为农业产业化龙头企业，被安徽省粮食行业协会吸收为会员单位，被国家财政部、国家发改委、国家粮食局纳入国内油料油脂收购加工自主经营补贴企业。

良好的开端是成功的一半。王保善以其独特的经营理念，加大科技投入，扩大再生产，2010年加工油料1.5万吨，实现销售收入6700万元，利税254.7万元。

在全国油脂行业不景气的情况下，2011年康平油脂却更上一层楼，以现代理念规划设计厂区，追加投资1000多万元，扩建仓库，增加储油罐，新建一条小包装精品生产线，生产茶籽油、麻油、纯小机榨菜籽油等高端生态健康油，并采用礼品盒包装，试生产2000盒投放市场，3天即销售一空。

2011年，康平油脂加工油料达2.3万吨，实现销售收入16 253万元，利税1300万元。2012年，康平油脂晋升为安徽省粮食产业化龙头企业，并荣获"中国粮油百佳企业"称号，"敬亭山"获得"中国食用油十佳品牌"称号。

2016年7月，安徽省粮食行业协会换届选举，王保善高票当选为新一届安徽省粮食行业协会副会长。

/ 发力传统技艺 /

木榨制作及木榨榨油是王保善一生中抹不去的情结。经过多年的摸爬滚打之后，王保善愈加清晰地认识到，康平油脂不仅要生产"物质"产品——健康的食用油，还要生产"精神"产品——保存和传承传统木榨技艺。

2012年，王保善开启了人生中最大的梦想之旅：他紧紧抓住中国自古有食用木榨油习惯的契机，传承传统工艺，投资6600万元，建设20多台

（套）木榨机，新建一座中国最大的木榨油生产基地——敬亭山老油坊，年木榨菜籽油、芝麻油、山茶油等植物油4000吨。

如今，木榨油已经成为康平油脂的主打品牌。在康平的木榨油生产基地，1000多平方米的木榨车间内，30多台木榨一字排开，撞击木榨的响声、工人吆喝声、浓浓的油香，让人仿佛一下子置身于历史的河流中，穿越到了古代。

沉浸在淡淡的油香中，磨籽、封干、风车除杂、炒制、碾粉、蒸热、包饼……一道道工序有条不紊地进行着，传统的工艺在这里得到延续、得到升华。王保善自豪地向记者介绍着每一台木榨的来历，每一个部件的名称和作用。看得出，这些小物件凝聚了康平人的心血和深情。

2014年，王保善建立了皖南木榨博物馆，这里现已成为国家AAA旅游景区，到2016年年底，博物馆共接待游客万余人次，真正实现了集工业、农业、文化旅游为一体的现代化企业，成为宣城的一张城市名片。他自己也在这一年被评为"2014中国粮食经济年度人物"，与袁隆平等国内大咖"并驾齐驱"。

2014年6月26日，中国粮油学会油脂分会常务副会长、全国粮油标准化委员会油脂油料工作组组长何东平到康平油脂考察，他评价道："这是我有生以来，第一次看到这么多台木榨榨油场面，这里是真正的中国木榨油基地。"

巴顿将军曾说过："衡量一个人是否成功，不是看他登到顶峰的高度，而是看他跌到低谷的反弹力。"这句话用在王保善身上非常贴切。

"我的创业之路走得很不容易，但我会一直走下去。"这是王保善的人生写实，更是他的追求和信念。

2015年5月，宣城木榨油荣获"国家地理标志保护产品"称号；2015年7月，企业荣获"国家高新技术企业"，这一项项荣誉都是王保善敢于拼搏的见证。

2016年王保善再获殊荣，荣膺"中国十佳粮油创业风云人物"，12月4日，他站在了第六届中国粮油榜颁奖盛典的领奖台上，颁奖词是这样写的："一项项荣誉是王保善敢于拼搏的见证，二十几年的打拼岁月，让他从骨子里拥有着常人无法比拟的韧性，来自皖北的硬汉，这辈子永不认输、永不认命。王保善，为你点赞！"

王刚：

信守天然承诺 打造"0添加"面粉

□ 付嘉鹏 赵倩

王刚，1977年生。2000年至2005年3月，任驻马店市恒阳面粉厂法人代表，2006年至今任"一加一"天然面粉有限公司董事长，2013年当选为河南省政协委员。

人物语录

◎ 一加一的生存哲学就是"简单"，不管是产品，还是制度。

◎ 引领行业变革是我的梦想。

◎ 一个企业的发展只要是健康的、充满生机和朝气的，这就是一个有尊严的企业。

◎ 带10个人和带100个人是完全不同的管理艺术。

◎ 跳出低价竞争的怪圈，就像冬天从暖被窝里刚刚出来的一刹那，很痛苦，但过一会儿就好了。

不到25岁就接手父亲一手创办的面粉厂，血气方刚的王刚，一上任就砍掉了除面粉加工外的所有产业。8年后，王刚带领"一加一"再次进行战略收缩，专攻天然面粉。他希望更多面粉加工企业能和"一加一"一起，共同走上这条"康庄大道"。

* * *

2014年1月17日下午5点，在河南省"两会"的定点酒店，《粮油市场报》记者见到了正在为政协会议忙碌的河南"一加一"天然面粉有限公司董事长王刚。

此时的王刚，放下了一切职务和头衔，抛却了庞杂的社会关系，单纯、专一地履行着政协委员的职责。不过，他依然执着于"天然面粉"事业，利用各种机会向社会各界呼吁："积极推动河南天然面粉产业发展。"而在一年前，2013年1月19日，刚刚当选河南省政协委员的王刚，拿着同样的提案呼吁："大力发展粮食精深加工，让天然面粉成为河南的名片，助推河南省粮食产业化发展。"专注的创业家王刚这个人很简单。他说："之所以简单，是因为专注、专一。"简单、专一，亦体现在他对事业追求的态度上。创业伊始，王刚把自己的事业目标定位为打造天然面粉，至今未改。

谈及打造天然面粉的初衷，王刚的理由亦很简单。2008年的一天，他来河南省实验幼儿园接儿子时，看见儿子和其他小朋友正吃着幼儿园提供的馒头。王刚一眼就看出馒头使用的面粉不纯正，含有添加剂和增白剂。

"看到孩子们吃这样的馒头时，我难过极了。作为祖国的未来、祖国的花朵，怎么也逃避不了滥用的添加剂？"这成为王刚立志天然面粉事业的"引线"。

为了这一目标，王刚改变了产品包装，统一了产品标示。在河南郑州，随便进入一家丹尼斯超市，在面粉区的显眼位置，就会看见"一加一"品牌的面粉。该产品净含量为5千克，包装袋统一为奶昔般的白色，质地为柔软的透明塑料。白底的包装袋上有红黄绿三色，"一加一"3个大字用鲜艳的红色绘就；"20年天然面粉专家""天然面粉""所有面粉0添加，绝无添加剂残留"等字样，则用墨绿色对比印染。

"这种食品包装袋为'奶粉级'标准,最大也只能为5千克。"因此,到目前为止,"一加一"天然面粉面向终端的产品规格仅此一种,包装也仅此一种。

"'一加一'面粉在流通过程中,还要再增加一层纸箱包装。"王刚说,采用这种包装就是要最大限度地保证面粉的天然特性。而市面上的面粉多为50斤无纺布袋包装,从出厂到超市上架,多次的搬卸环节很容易造成二次污染。

王刚把"一加一"品牌塑造得也非常简单。2013年年初,河南各主流电视媒介都出现了这样一则广告:一位白衣女子,端庄站立在消费者面前,平静地说,一加一不等于二,一加一等于天然面粉;一加一,20年天然面粉专家;所有面粉0添加,绝无添加剂残留。

没有出彩的创意,没有炫酷的特效,就这么一则平实的广告,却抓住了1亿多河南人的眼球。"我们不想花太多的钱去做创意,只是想把真实的自己展现在消费者面前。"王刚表示。

/ 大胆的冒险家 /

"在英文中,'企业家'还有'创业家、冒险者'的意思。我认为,企业负责人就应该具备冒险精神,不能裹足不前。"王刚说。

他似乎是天生的冒险家。1992年,王刚的父亲王勤长创办了一家面粉厂,取名恒阳面粉厂,日产15吨,这就是"一加一"面粉的前身。2002年,不满25岁的王刚接手恒阳面粉厂。

血气方刚的王刚,一上任就展露冒险家的特质。他力主改变父亲多元化发展的思路,果断砍掉挂面、运输和养殖等面粉加工之外的产业。

敢于冒险来自于他对行业的深刻洞悉。由于产能过剩,我国面粉加工业一直处于无序竞争的局面,同质化、低价竞争现象严重。

"低价竞争绝对是死路一条。"王刚认为,许多面粉加工企业都在依靠低价竞争的策略卑微地活着。只有走自己的路,才能在自己的领域有所建树。

在他看来,"面粉0添加,绝无添加剂残留"才是自己要走的路。2010

年年初，他誓言要在中国面粉界做第一家全部取消添加剂的加工企业。听闻该消息，"一加一"企业内部反对声一片。回过头来，王刚也承认，自己有些操之过急。"走'所有面粉0添加'这条路所产生的痛苦，只有自己最清楚"。

据记者了解，如果保证"所有面粉0添加"，企业不仅要从加工工艺上做很多改造，还要确保收购100%纯正优质小麦，且需要进口专用优质小麦进行调配，这无疑为企业的发展套上了巨大的成本"枷锁"。

冒天下之大不韪，王刚的改革依然我行我素。不成熟的市场扇了王刚一记重重的耳光。很快，由于成本价的增加，"一加一"面粉所在地——驻马店的市场销量出现萎缩。随后，多数经销商质疑"一加一"面粉的改革举措，纷纷要求退货。

王刚承认，当时他陷入了人生中最痛苦的时刻。"明明事先做过充足的准备，我们也提前和经销商、馒头坊，甚至一些消费者统一了意见，他们非常认可我的观点，结果却因为成本，陷入了困境。"此前，一位重庆的面粉经销商说，在王刚父亲掌舵的时代，他就开始与"一加一"进行合作，当时每月销量达到4000吨。王刚却不遵从市场传统，硬要失去这么大的一个市场。"别的品牌有添加剂，'一加一'面粉不用添加剂的行为是找死。"该经销商直言不讳。

王刚陷入四面楚歌的境地。在生与死的选择上，王刚选择了痛苦地活着。先前拆掉的添加剂设备重新上马，"一加一"几乎全部停产的生产线又开始运转。

"我采取一部分生产有添加剂的面粉，一部分生产不含添加剂面粉的战略，稳步推动企业向前发展。"王刚说，此次经历并不是毫无意义，"我发现消费者的消费理念，还需要我们去不断引导，而不能一蹴而就。"2011年，国家相关部门颁发"禁白令"。市场对天然面粉的需求出现井喷式复苏。这一年，成为"一加一"面粉实现"4年20倍增长"的关键一年，也成为"一加一"面粉创造面粉行业发展奇迹的一年。

回首往事，王刚感慨万千。他认为，我国许多面粉加工企业已陷入低价竞争的怪圈，很多企业负责人不是没有带领企业跳出来的能力，只是还未看到面粉产业发展的未来。

"跳出低价竞争的怪圈，就像冬天从暖被窝里刚刚出来的一刹那，很痛苦，但过一会儿就好了。"王刚说。

/ 执着的独行者 /

"一加一"面粉的销量在呈几何状递增。

2012年11月，"一加一"天然面粉正式登陆省会郑州。2013年1月，"一加一"面粉与占郑州市乃至河南省市场份额最大的商超丹尼斯进行合作。

丹尼斯相关负责人表示，按品种论，"一加一"市场份额只占所有面粉品牌的1/50，但它的销售业绩月月排在丹尼斯面粉区第一位。

不过，他还是认为天然面粉产业的力量过于弱小。

2013年12月，"一加一"的营销人员在河南焦作发现，当地一个面粉品牌打出了"天然面粉；所有面粉0添加，绝无添加剂残留"的广告语。不仅如此，该产品的包装设计样式和"一加一"天然面粉如出一辙。该营销人员当即将情况汇报给王刚，并建议起诉该企业的侵权行为。

王刚的反应却令所有"一加一"人诧异："算了吧，能跟着咱们一起做天然面粉，我已经很感激啦！"他的理由是："河南的小麦这么好，而且全省的面粉加工总规模世界第一。如果大家都做天然面粉，把天然面粉打造成河南省的一张名片，我想，河南小麦在全国粮食安全中的地位将更加凸显，面粉加工企业也不用为眼前的生存而忧虑了。"因此，王刚从不反对其他企业模仿，他希望更多面粉加工企业能够觉醒，共同走上这条"康庄大道"。

为了发展壮大天然面粉事业，王刚积极参加各类社会组织以及活动。

2013年，王刚加入一个名为"少帅集团军"的组织。该组织集合了河南当下多个行业的企业精英。"我们这个组织里面的企业家大部分都是70后、80后，大家有相同的兴趣和价值观。"该组织给这些企业搭建了一个沟通的平台，通过聚会的方式，把这些人拧成一股绳。

"虽然大家身处各行各业，但企业管理、品牌建设等，毕竟具有共通性。这些企业家都有自己的专长，交流过程中，我汲取过来，为我所用。""三人行，必有我师"，在与许多企业家接触过程中，王刚学会了"偷师"。他曾经"偷师"巴奴火锅的创始人杜中兵。

"你知道餐饮行业哪一块最强大吗?就是管理团队和企业文化的建设。"王刚认为,餐饮业的从业人员素质参差不齐,而所服务的对象更是多种多样。让这些服务员游刃有余地服务好每一位顾客,实属不易。

经过多次与杜中兵的交流碰撞,王刚掌握了管理诀窍,并迅速将这些经验移植到对"一加一"的管理上。

"'一加一'虽然选对了自己要走的路,但我们不会盲目乐观,因为毕竟前面的路还很长。"面对未来,王刚说:"我从不规划未来,但我希望在几年之后,河南每家每户的老百姓都会在过年过节包饺子时,买上一袋'一加一'的面粉,这就够啦。"